만질 수 있는 생각

일러두기

- 본문 중에서 우리나라에 소개되지 않은 그림책 또는 책의 경우, 원어 제목 그대로 표기하였습니다.
- 글과 그림의 작가가 모두 이수지인 경우, 작가 이름은 생략하고 출판사와 출판 연도만 표기하였습니다.
- 본문에 소개된 책 중 구판이거나 또는 절판된 경우, 최근 판본으로 소개하였습니다.
- 이 책에 수록된 사진과 그림은 허락 없이 무단 전재와 무단 복제를 금합니다.

# 만질 수 있는 생각

그림책 작가
이수지 에세이

비룡소

나의 편집자에게
(특별히 문승연, 정은정, 조반나, 빅토리아 그리고 코니)

차례

들어가는 글　　9

1　그림의 언어로　　뒤죽박죽 그림책　　13
　　열리는 세계　　　아름답고 사소한 것　　16
　　　　　　　　　　책상 밑 극장　　21
　　　　　　　　　　앨리스, 토끼 머리와 헨리　　26
　　　　　　　　　　출판되기 힘들 거야　　32
　　　　　　　　　　모든 뒤끝은 창작의 근원 1　　36
　　　　　　　　　　구체적인 무엇이 되는 순간　　44
　　　　　　　　　　진짜 화가가 가르쳐 준 것　　54
　　　　　　　　　　철수와 수지큐　　60
　　　　　　　　　　모든 뒤끝은 창작의 근원 2　　70
　　　　　　　　　　진창에서 건져지기 1　　76
　　　　　　　　　　진창에서 건져지기 2　　80


2　온종일 달리고　　엄마들은 어떻게 작업하는가 1　　90
　　싶다　　　　　　주머니 속의 송곳　　92
　　　　　　　　　　에브리띵이즈언더컨추롤　　96
　　　　　　　　　　축제로구나　　102
　　　　　　　　　　무지개 책　　110
　　　　　　　　　　엄마들은 어떻게 작업하는가 2　　112
　　　　　　　　　　단순하고 큰 진실　　122
　　　　　　　　　　이야기는 너에게 있어　　132
　　　　　　　　　　아이들은 빗방울처럼　　136
　　　　　　　　　　워밍 업　　138
　　　　　　　　　　무거운 것은 가볍게　　141
　　　　　　　　　　너의 이름　　146
　　　　　　　　　　최고의 악당　　154

| | | | |
|---|---|---|---|
| 3 | 만질 수 있는 생각 | 전지전능한 손가락 | 162 |
| | | 반드시 이 색연필 | 168 |
| | | 놀이의 기쁨 | 175 |
| | | 물이 되고, 노래가 되고, 책이 되는 꿈 | 180 |
| | | 작업일지 1: 원고를 받다 | 192 |
| | | 작업일지 2: 제안서를 쓰다 | 196 |
| | | 작업일지 3: 외국어로 일하기 | 202 |
| | | 작업일지 4: 찐레알최최최종본 | 206 |
| | | 여름의 흔적 | 210 |
| | | 어린이는 모든 색 | 222 |
| | | 사적인 감정은 없어 | 232 |
| | | 시혜와 호의 | 238 |
| | | | |
| 4 | 네 개의 책상 | 너의 약한 부분 | 246 |
| | | 꼭대기의 그것 | 250 |
| | | 원더풀니스 | 256 |
| | | 찻잎 | 262 |
| | | 나의 영감은 노르웨이 | 266 |
| | | 아이에게 책을 주고 싶은 진짜 이유 | 272 |
| | | 오독의 즐거움 | 284 |
| | | 어쩌고 월드 | 290 |
| | | 귀엽지 않다 | 298 |
| | | 흰토끼와 바캉스 | 302 |
| | | 스위스 아미 나이프 | 310 |
| | | 한스 크리스티안 안데르센상 수락 연설문 | 316 |

| | | |
|---|---|---|
| 나가는 글 | 326 | |
| 부록 | 329 | |

들어가는
글

이따금 글을 썼다. 젖을 먹다 스르르 잠든 아기를 들여다보고 있노라면, 그 얼굴에서 배어 나오는 고요와 평화가 전류 흐르듯 가슴을 훑고 지나갔다. 그 마음을 기억해 두고 싶었다. 아기가 배가 부르면 나는 기진맥진했지만, 나의 몸은 놀랍게도, 아기가 먹은 딱 그만큼의 젖을 생산해 다시 채웠다. 나의 마음도 그럴까. 나의 하루하루를 남김없이 소진하면 다시, 스스로 꽉 차오를까. 차오르는 감각도, 차오르는 마음도 다 써 두고 싶었다.

매일을 채우고 소진한다. 내 머릿속의 생각을 들여다보고, 스케치북에 옮기고, 상상하고, 사람들을 만나고, 생각을 나누고, 밥을 하고, 부모님 선물을 고르고, 새벽 다섯 시 오십구 분 오십구 초에 명절 귀성 열차표 예매 광클릭을 하고, 고지서를 처리하고, 한낮의 몽상에 빠졌다가, 이메일에 답장을 보내고, 학교에 가서 책을 읽어 주고, 체육 대회에서 죽도록 뛰고, 남편 머리 염색을 해 주고, 강연을 하고, 여행을 가고, 텃밭을 매고, 보드게임을 하고, 연필을 깎고, 함께 산책하고, 아이들의 도시락을 싸고, 음량을 한껏 높여 음악을 들으며, 작업하러 간다. 화가 척 클로스가 말했듯이, 영감은 아마추어를 위한 것이다. 우리는 그냥 아침에 일어나서 작업하러 간다.

그림책 이야기, 마음에 살랑 불어온 바람, 길 위에서 써 두었던 것을 모아 본다. 글도 정신도 다 때가 있어, 시간이 흐르니 말투가 바뀌고, 시선도 달라지며, 그렇게 쫓아다녔던 어떤 질문은 무화(無化)되어 흔적도 없다. 하지만 그 모든 망설임과 이불킥, 설렘과 기쁨의 총합이 지금의 나이므로, 크게 버릴 것은 없어 보인다. 덕업일치의 드문 삶, 나는 내가 하는 일이 재미있다. 그림책을 만들며, 작은 뭔가를 매일 발견하는 여정에 함께하기를.

# 1

그림의 언어로

열리는 세계

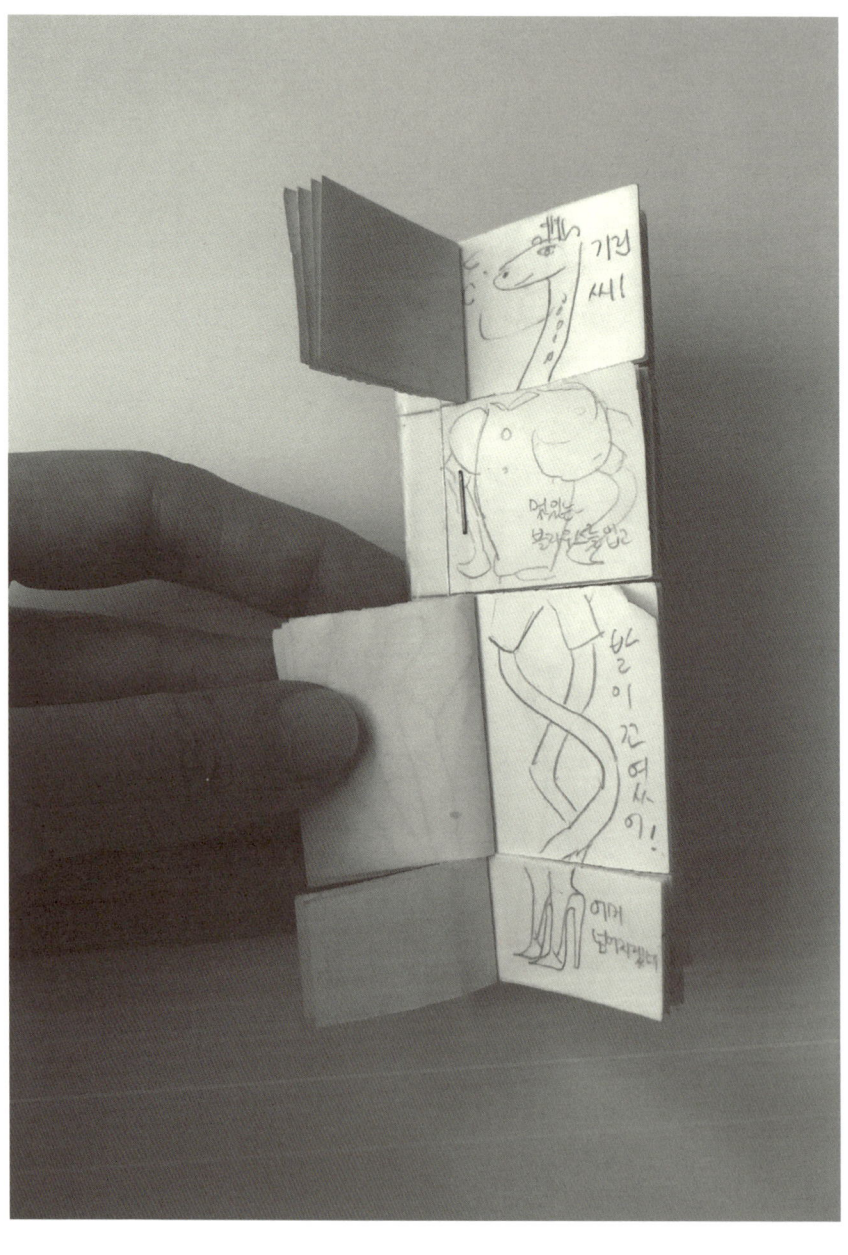

뒤죽박죽
그림책

책
하나

일곱 살, 뭐든지 다 만들던 때에 묶었던, 어쩌면 내 첫 그림책일지 모른다. 돼지, 짧은 머리의 여인, 기린, 골목대장, 마녀의 모습을 차례대로 그리고, 글도 조금 써서 모두 모아 종이찍개로 찍고, 한꺼번에 잘라서 만들었다. 머리, 몸, 다리, 발이 조각으로 잘려 있는 책장을 무작위의 순서대로 조합해, 최대한 우스꽝스러운 전체를 만드는 것을 목표로 하는 뒤죽박죽 그림책이었다.

신이 났을 거다. 몇 장의 그림으로 이런 오만가지 조합이 나오다니! 종이를 묶어서 잘랐을 뿐인데 넘길 때마다 새로운 그림이 나오다니! 빨리 그 결과물을 보고 싶은 마음에 그림도 대충 그려 급하게 만들었을 테지.

책
둘

스무 살, 세상과 나, 모든 것과 다 싸우는 기분이었던 때에
만들었던, 어쩌면 내 두 번째 책일 것이다. 미술대학교 서양화과
전공과목 중 '혼합 매체'라는 과목에서 책으로 작업해 보겠다고
생각했다. 학생회관 동아리방에서 함께 쓰던 '삶을 지향하는
노래'라는 공책에 누군가가 남긴,
"삶이 그대를 속일지라도 슬퍼하지 말라. 삶이 그대를 속인다면
분노하라, 투쟁하라!"라는 구절을 가져와 슬쩍 넣었다. 이유
없이 막막하고, 이유 없이 거칠고, 이유 없이 발랄하던 나.
조각조각 흩어지는 내 모습을 그리기에 이 뒤죽박죽 형식의
책이 적절하다고 생각했을 거다. 나의 첫 책과 내용은 사뭇
다르나, '우스꽝스러운 전체를 만드는 것'이라는 책의 목표는
같았다.

어린이 책의 명랑한 형식이 이십 대의 멜랑콜리를 덮어 주기엔
역부족이었으나, 어쨌든, '책'이라는 것을 다시 들여다본
순간일 테지.

아름답고
사소한 것

대학 때, 서양화과 수업을 청강하는 디자인과 친구가 있었다. 나는 디자인과를 동경했다. 서양화과 실기실의 그림들은 갓 입학한 나에게는 '바닥없는 자의식 탐구파', '회화를 위한 회화 탐닉파', '나부끼는 투쟁의 깃발파', 그리고 앞의 세 가지가 그냥 무조건, 모두, 다, 싫은 '몸부림파', 대충 이렇게 나뉘는 것으로 보였다. 그렇지만 어디에 속하건 공통으로 쓸데없이 심각하고, 대책 없이 질척이는 특성을 가진 서양화과에 비해 옆 건물 디자인과는 얼마나 뽀송뽀송하고 명쾌해 보이던지. 우리 과에서 함께 질척이다가 문득 그게 싫어지면 디자인과 친구들 틈에 끼거나 아니면 학생회관 옥상에 가서 장구를 쳤다.

## 17

"이것이 진정한 회화이다."를 끊임없이 갱신하는 최신 담론은 멋있어 보이기도 하면서 동시에 기운도 쪽쪽 빠졌다. 스무 살짜리는 매일 하는 자아 탐구도 힘들었다. 내가 하고 싶은 이야기를 꼭 저렇게 진지하고 격렬하게 깃발 들고 해야 해? 지금보다 더 어리석었던 나는 진지한 데 가서 진지하다고 화내고, 가벼운 데 가서 가볍다고 화를 냈다.

그러므로 그림책의 세계를 찾아 들어간 것은 자연스러웠던 것 같다. 무엇보다 그림책의 세계는 내가 씨름하던 '진정성'을 대놓고 다루지 않아서 좋았다. "네가 진짜로 하고 싶은 이야기가 뭐야?" 따위에 휘둘리지 않고 아름다움, 사소함, 명쾌함, 형식, 외부의 것, 가벼움, 표면적인 것에 대해 깊이 생각하는 것이 좋았다. 특히 영리한 그림책을 만나면 정말 좋았다. 매력적인 그림책들은 무거운 것을 가볍게 살짝 들어 올려 단순한 마음으로 전하는 힘이 있었다. 이탈리아 예술가 브루노 무나리(1907~1998)는 "아름다움이란 바로 정확성의 결과다. 정확한 설계는 아름다움을 낳는다."(『예술로서의 디자인』 중에서, 브루노 무나리 지음, 김윤수 옮김, 두성북스, 2012)라고 했다. 목적과 결과가 부합하는 명쾌한 작업, 내가 건네줄 이 예술의 대상이 누구인지 아는 것이 아름다워 보였다. 자기도 모르는 예술에 휘둘린 예술가보다는, 자기를 구성하고 포장하여 내놓을 줄 아는, 세상 이치에 바른 창작자가 더 좋아 보였다.

시대 분위기라는 것이 있어서, 창작 그림책들이 나오기 시작할 무렵의 우리 그림책 동네도 저 서양화과 실기실과 크게 다르지 않았던 것 같다. 고전이라 할 만한 외국 그림책들을 보면 아주 사소한 일상의 이야기로 심오한 것을 건져 올리는 것 같은데, 앞서 길을 만들며 나아가고 있는 그림책조차 '진정한 그림책이란……'과 같은 거창한 담론이 끌어 내리고 있는 것 같았다. 답답했고, 멀리 날고 싶었다. 그런데 훌쩍, 어느새 이제 그 시간이 와 버린 것 같다. 매달 새롭게 출간되는 그림책의 목록을 보면, 참 다양하다. 편집자들 사이에서는 요즘 그림책이 너무 쉽게, 너무 많이 나온다는 이야기도 하지만, 나는 그래도 좋다고 생각한다. 버릇처럼 "더 넓어져야 해, 더 넓어져야 해!"라고 중얼거린다. 그림책의 스펙트럼이 더 넓어지면 특화된 깊이도 생길 것이라 믿는다. 더불어 독자도 함께 다양해진다. 다양한 독자는 다시 다양한 작가를 만든다.

# 21

책상 밑
극장

그림으로 돈 벌 수 있는 일을 찾다가 처음 어린이 책의 세계에 들어왔다. 흥미로웠지만 어려웠다. 일을 그저 일로 하는 과정은 힘들었고, 그저 일이 아니고 동시에 나의 작업이었으면 좋겠다는 마음이 싹텄다. 펴낸 지 얼마 되지도 않았는데 벌써 마른 것 같은 내 안의 우물을 더 파 보고 싶어졌다. 고민 끝에 찾아가 유학에 관해 물었다가 "꼭 모자란 애들이 밖에 나가서 얻어 오려고 한다니까."라는 이상한 조언을 받고, 되레 마음을 굳혔다. 가자, 가 봐야겠다.

우연히 접했던 아티스트 북Artists' Books과 관련된 책과 자료를 어렵게 구해 읽고 나의 맥락을 잡아 보려 애쓰며 대학원 지원서를 썼다. '나는 그림이면서 책이고, 책이면서 예술의 언저리에 있는 무언가를 만들고 싶습니다. 그리고 내가 만들고 있는 것이 도대체 무엇인지를 알아보는 책을 만들고 싶습니다.' '책'과 관련된 책 속의 모든 문장들은 마음에 불씨를 댕겼지만, 조그만 점처럼 앉아서 저 너머를 상상하는 일은 어려웠다. 깜깜한 가운데 꺼질 듯한 불씨를 들고서, 있을지 없을지도 모를 길을 찾는 일은 얼마나 외로운 일인가.

결국, 어렵게 영국에 도착했고 날마다 선물받은 기분으로 지냈던 것 같다. 런던의 테이트 모던 미술관에 거의 출근하듯 다녔는데, 가는 길목에 있던 셰익스피어 글로브 극장에 눈길을 두곤 했다. '이 세상은 연극 무대All the world's a stage'라는 셰익스피어의 운은 마음을 달뜨게 했다. 코벤트가든의 폴록 장난감 가게도 자주 들렀는데, 온갖 장난감 중 유독 성냥갑 속 작은 무대라든가, 음악이 흘러나오는 유리 상자 속 빙글빙글 돌아가는 무대를 유심히 바라보곤 했다.

나의 미술대학 학부 졸업 전시 작품도 무대였다. 온갖 어울리지
않는 상황을 무대 위에 한꺼번에 올린 그림을 그렸다. 지하철역,
광주 금남로, 권투 경기장, 공중화장실 따위의 무대 위에 전혀
관련 없는 인물들이 올라가 연기하게 했다. 캔버스 세 개를 이어
내 키를 훌쩍 넘게 만든 대형 그림 무대의 아래는 합판을 대어
실제 무대 단처럼 만들었다. 무대의 배경은 공장 같은 학생회관
식당의 거대한 주방이고, 붉은 조명 아래 주인공은 조리사
아주머니들이었다.

영국의 장난감 박물관을 가득 채운 오래된 종이 극장 세트가
유난히 눈길을 끌었다. 빅토리아 시대의 장난감 극장을 재현한
상품을 하나 사 와서 책상 위에 조립해 두었다. 색이 바랜 인쇄의
맛, 어설픈 그림 표현, 우스꽝스러운 인물들, 눈속임 그림 커튼,
무대 아랫단의 오케스트라 박스가 재미나 보고 또 보았다. 책도
무대와 같다. 책을 열면 커튼이 열린다. 등장인물과 소품, 배경이
놓여 있고, 짜인 각본대로 한바탕 소동이 끝나면 막이 내린다.
책이 닫힌다.

북아트 수업 중에 '장소'를 주제로 책을 한 권 만들어 오라는
과제가 주어진 적이 있다. 교수가 제비뽑기 상자를 내밀었다.
학교 안의 여러 장소가 쓰여 있는 쪽지였다. 누군가는 '도서관'을,
누군가는 '지하로 내려가는 층계참'을 뽑았다. 내가 뽑은
쪽지에는 '책상 아래'라고 쓰여 있었다. '책상 아래라고?' 몸을
숙여 책상 아래를 거꾸로 보니 학생들의 다리만 보였다.

책상다리가 마치 극장의 기둥처럼 보였다. 영국에 처음 와서 본 전시가 『이상한 나라의 앨리스』를 쓴 루이스 캐럴의 회고전이었던 터라 한창 그 책을 다시 읽고 있었다. 앨리스의 몸은 커졌다 작아지기를 반복한다. 지나치게 커져 버린 앨리스의 다리만 보이는 반쪽짜리 무대를 만들어 봐야겠다. 모든 등장인물의 하반신만 보이는 종이 극장 전개도가 페이지마다 조각조각 나뉘어서 담겨 있는 책을 만들었다. 책 속에 무대가 들어 있다. 잘라 내고 접어 조립하면 극장이 된다. 3D 무대의 잠재태가 2D로 눌려 있는 평평한 종이, 그리고 그 종이들이 묶인 것이 비로소 책이지 않던가? 펄펄 나는 이야기가 납작하게 담겨 있는 주머니가 책이 아니던가? 이런 생각이 꼭꼭 접혀 들어간 책이라는 물건을 만드는 일이 재미있었다. 책 제목은 '앨리스의 책상 밑 극장Under the Table Theatre for Alice'이 되었다. 나는 이런 게 하고 싶었던 것이군. 어둠 속 저 너머에 희미하지만 불 하나가 켜지는 걸 본 것 같았다.

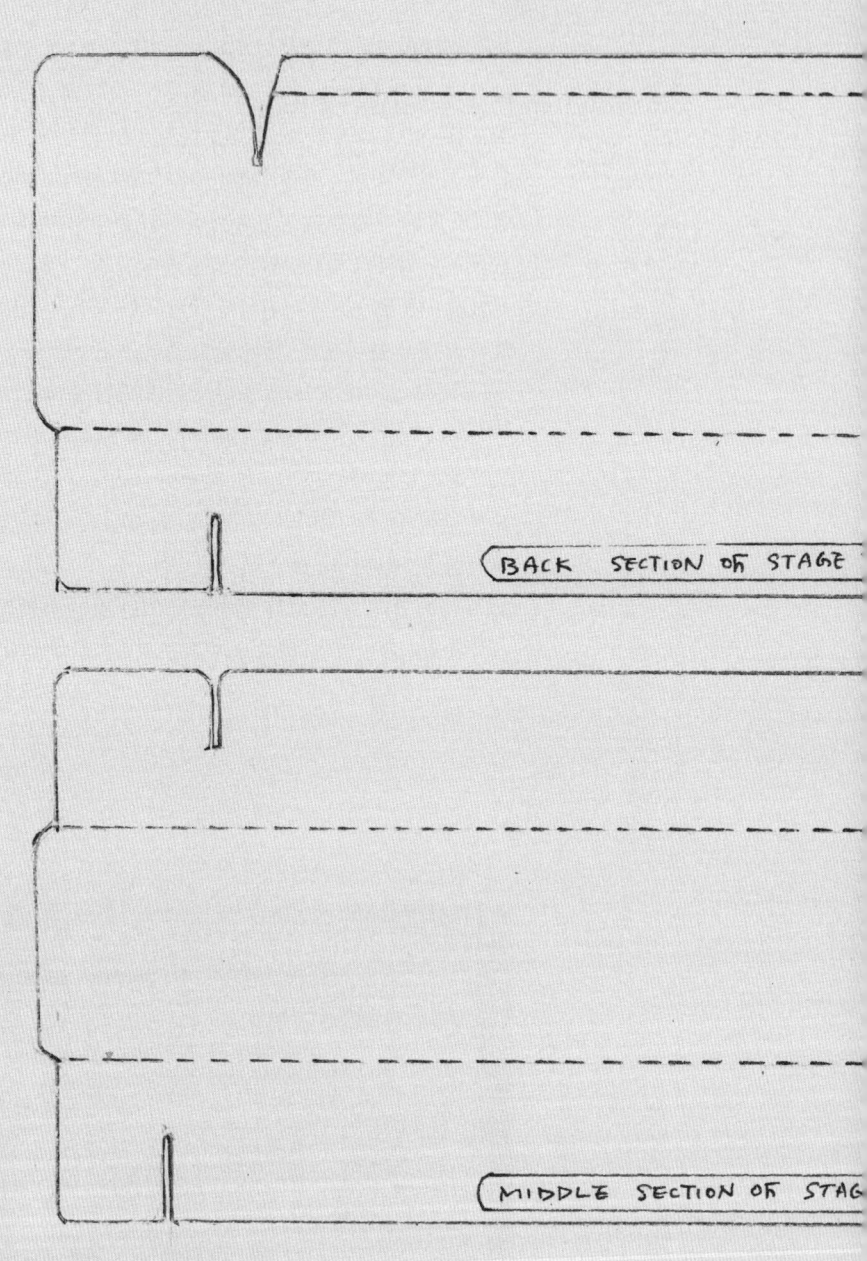

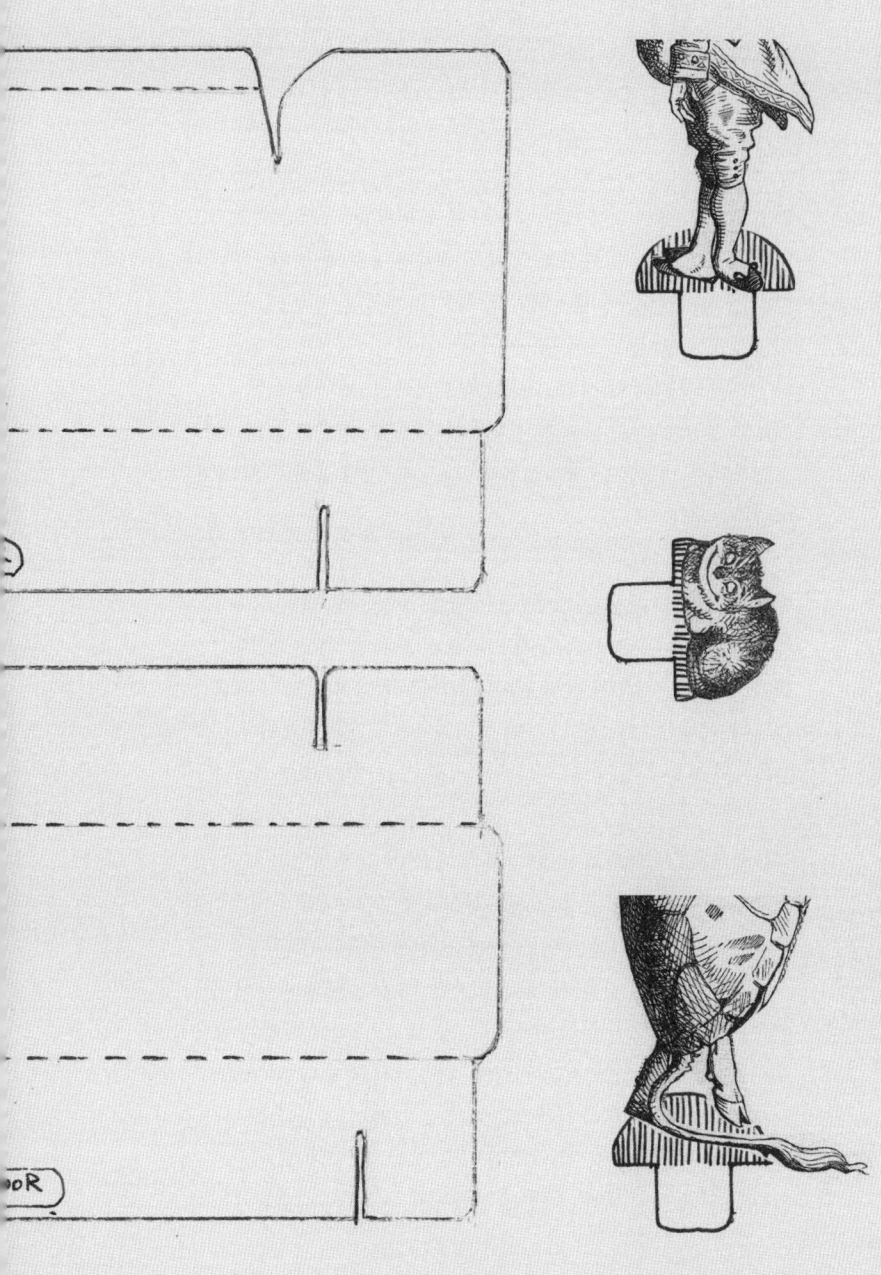

# 26

앨리스,
토끼 머리와 헨리

런던에 도착해서 처음에는 기숙사에 들어갔다. 그러나 학교가 너무 멀고 기숙사가 싸지도 않아 알음알음으로 몇 군데 방을 둘러보았다. 세 번째였던가, 마른 멸치 같은 집주인이 쩔렁거리는 열쇠로 열어 준 낡은 빅토리아식 집은 한 발짝 디딜 때마다 바닥이 내려앉을 듯 삐걱거리고, 무너질 듯한 침대와 부서질 듯한 탁자가 전부였다. 그런데 방 한쪽을 차지한 고풍스러운 벽난로를 발견한 순간, 나도 모르게 오케이!를 외쳐 버렸다.

어느 날 침대에 누운 채로 문득 고개를 돌렸는데, 벽난로 속 재투성이 무대 위에서 누군가가 너울너울 춤을 추고 있었다. 꿈을 꾸고 있는 걸까? 벌떡 일어나 스케치북에 벽난로 무대를 그렸다. 이렇게 『이상한 나라의 앨리스』(첫 출간은 이탈리아 꼬라이니 출판사, 2002. 한국어판은 비룡소, 2015)가 시작되었다.

벽난로 안에 두꺼운 종이를 접어 무대를 만들어 넣었다. 소품들이 필요했다. 동네 벼룩시장을 뒤지고 다니다가 미니어처 탁자, 의자, 촛대, 거울 그리고 토끼 인형을 구했다. 토끼의 상태는 이미 기십 년은 된 것 같았지만, 이 빅토리아식 무대에 어울릴 법한 섬뜩한 눈알에 끌려 그냥 샀다. 그런데 막상 무대에 올려놓으려니 토끼의 머리에 비해 몸이 너무 작았다. 배우로서 흰토끼는 서서 걸어 다녀야 하는데……. 가만, 이야기 속에서 흰토끼는 환영인데 꼭 걸어 다닐 필요가 있나? 날게 하자. 허공을 날게 하자. 가만, 그런데 환영인데, 몸이 꼭 필요한가?

인형을 싸 온 천으로 토끼 머리 아래에 몸처럼 대어 보니
그럴듯하다. 그런데 몸이 더 평평하면 좋겠는데……. 유령처럼
가벼웠으면 좋겠는데……. 여기까지 생각하고 흠칫 내 생각에
내가 놀라면서 슬며시 토끼 인형을 눕혀 놓고 미안하다,
우리는 만나지 말았어야 했어, 중얼거리며 커터를 높이 들었다.
앨리스를 쫓으며 붕붕 허공을 가르는 유령 흰토끼가 탄생했다.

인형 놀이 의자 두 개와 탁자를 무대의 중앙에 올려놓았다.
테이블 위에 금박 플라스틱 촛대를 올리고 그 옆에 거울을
둔다. 거울에 비치는 검은 형체는 작가가 들고 있는 니콘 수동
카메라이다. 화면에 작가는 보이지 않지만, 분명히 거기 있다.
이 책의 모든 화면에 작가는 공기처럼 등장한다.

이 『이상한 나라의 앨리스』는 미래에 나올 나의 모든 책의 씨앗을 품고 있다. 흰토끼는 처음부터 그림이었고, 보송한 털의 진짜 토끼로 바뀌어도 여전히 환영이다. 유령이 앨리스를 쫓는다. 앨리스는 진짜 아이였지만 이제는 그림이다. 흰토끼와 앨리스 외에 또 하나의 등장인물이 있다. 『이상한 나라의 앨리스』 촬영을 시작하던 날, 벽난로 안을 깨끗이 하려고 그 집의 다국적 동거인들의 모든 방을 노크하여 겨우 청소기를 찾아왔다. 그런데 청소기가 동그란 눈을 굴리며 말을 걸더니, 자기 이름이 '헨리'라는 거다. 그래? 헨리, 해 보는 거야. 출력 좋은 헨리의 코를 잡고 앨리스 이야기가 펼쳐질 무대 안쪽의 재를 빨아 올렸다. 문득 이게 꽤 괜찮은 마무리가 될 것 같았다. 벽난로 무대 위에서 모든 환영이 펼쳐지고, 공연이 끝난 뒤에 서서히 화면은 줌 아웃이 된다. 화면 중앙에는 청소기의 파이프가 걸쳐져 있다. 좀 더 뒤로 물러나면 이 무대가 실은 벽난로 속의 환상이었음이 밝혀지고, 틀 밖에 있던 작가가 나타나 청소기로 무대를 밀어 버리는 거다. 어엇, 괜찮은데!

## 30

내 책에 등장한 헨리를 보고 아랫방 영국인 친구가 웃으며
말했다.
"헨리가 영국의 국민 청소기인 것 알아?"
저렇게 귀여운 눈을 하고 이 모든 꿈을 가차 없이 쫙쫙 빨아들여
버리는 발랄한 헨리, 너 잔인하구나!

출판되기
힘들 거야

"너의 『이상한 나라의 앨리스』 작업은 흥미로워. 모두 책에 관한 재미있는 주제들이야. 그런데 너는 이 모든 주제를 한 책 안에 쓸어 넣으려고 하는구나. 이 주제들을 다섯 개 정도로 쪼개 각각 다른 책으로 만들어 보는 게 어때?"

"그럴 수 있겠지만 그렇게 하고 싶지 않아요. 다섯 개의 습작보다는 한 권의 책을 완성해 보는 경험을 하고 싶어요."

"너는 학생이야. 지금은 여러 가능성을 탐구해야 할 때야."

"나는 학생이고 싶지 않아요. 탐구하고 싶지 않아요. 완성해서 출판하고 싶어요."

"완성한다고 출판되는 건 아니야."

"그래도 완성하고 싶어요."

"출판되기 힘들 거야."

"그래도 해볼 거예욧."

"……"

"……"

북아트 작업의 방향을 정하면서 지도 교수님과 나눈 대화는 이렇게 끝났다.

『이상한 나라의 앨리스』 책을 열면, 막이 열리고 무대 위 검은 머리의 앨리스가 흰토끼를 쫓는다. 무대의 배경 그림은 미술사에서 실재와 환영을 다룬 고전들이다. 앨리스는 피에로 델라 프란체스카의 「채찍질을 당하는 그리스도」 그림 속 원근이 기묘하게 연장된 무대로 떨어지고, 안드레아 만테냐의 「결혼의 방」 천장화를 밟으며 뛰다가, 르네 마그리트의 낯선 물건들 사이에서 유령 토끼에게 사로잡힌다. 환영과 실재가 서로 자리를 바꾸고, 아이도 토끼도 아니거나 혹은 토끼이며 동시에 아이인 무엇이 되어 버린 앨리스가 무대 인사를 마치면서 공연은 끝이 나는데, 실은 이때부터 이야기는 새롭게 시작된다. 무엇이 실재이고 무엇이 환영인지 어떻게 알 수 있는가? 나의 현재가 꿈인지 현실인지 어떻게 알 수 있는가? 페이지를 넘기는 독자의 손가락이 등장하고, 앞의 꿈을 차례로 무화시키며 "당신이 본 모든 것은 더 큰 꿈의 일부였답니다." 하며 슬며시 독자를 다시 처음으로 돌려놓는 책이다.

현실과 환상의 경계, 글 없는 그림책, 내용을 담는 그릇 이상의 책, 손으로 읽는 물건, 책을 경험하는 일, 독자의 역할……. 흥미로운 주제들이라 모두 쫓아가 볼 만하다. 지도 교수님의 의중도 이해할 수 있다. 그러나 습작이 습관이 되면 곤란하다. 습작은 스스로 위안을 주기 위한 가짜 작업인 경우도 많다. 어느 순간 집중하여 나아가야 할 때는 본인만 안다. 지금은 끝까지 가 봐야 할 때라는 그 신호를 무시하면 안 된다. 완벽해질 때를 기다릴 수는 없다. 그런 순간은 오지 않는다.

작업의 과정은 최선을 다해 답해 보는 나의 풀이 과정이다. 답해 보려고 애쓰지 않으면 다음 질문도 생겨나지 않는다. 도서관을 뒤지고, 전시를 보고, 영화를 보고, 스토리 보드를 만들고, 종이를 오리고, 그림을 그리고, 무대를 꾸미고, 청소하고, 조명을 빌리고, 사진을 찍고, 암실에서 인화하고, 슬라이드 필름을 스캔하고, 줄 서서 학교 컴퓨터로 이미지를 수정하고, 프린터를 빌리고, 친구에게 위로를 받고, 책 바느질을 하고, 표지에 풀을 바르고, 책등에 천을 감싸 그럴듯하게 가제본 책을 만들어 들고 다니다가, 좌충우돌 우연에 우연을 거듭하여 너그러운 여러 사람을 만나고, 그들의 손에 이끌려 또 다른 이들의 각종 잔소리를 듣다가, 그중 듣고 싶은 말만 새겨듣고 정리하여 겨우 완성한 데이터를 출판사에 보냈다. 그리고 다음 해, 두 번째로 간 볼로냐 도서전의 이탈리아 출판사 부스에서 따끈한, 온전한 나의 첫 그림책 『이상한 나라의 앨리스』를 받아 가슴에 안았다.

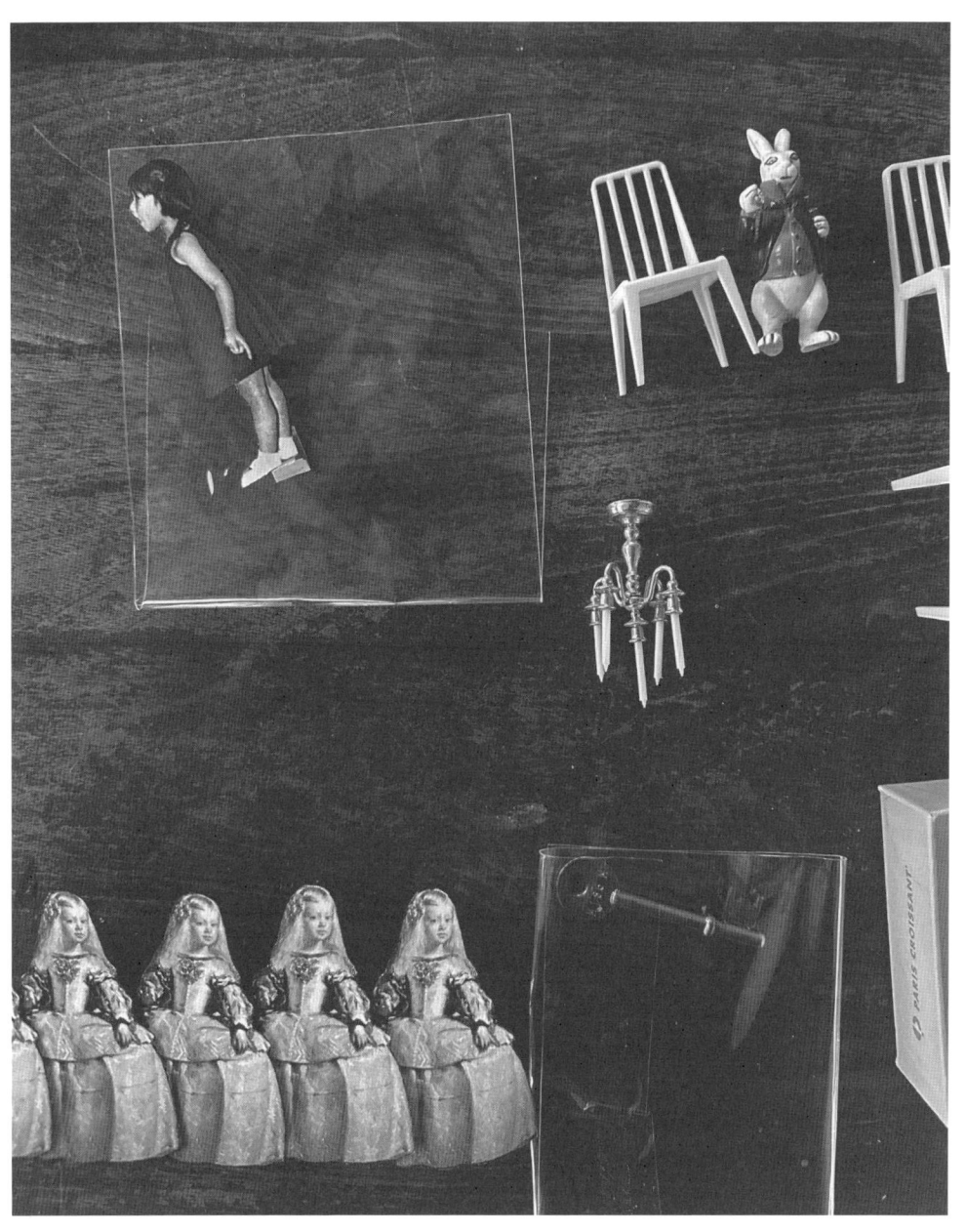

런던으로 돌아와, 지도 교수님의 방을 두드렸다. 그리고 살포시 『이상한 나라의 앨리스』 초판을 건넸다.

출처: 《한겨레신문》 기고문, 2022

모든 뒤끝은
창작의 근원 1

영국에 머무르는 동안 아일랜드를 여행했다. 울창한 숲 사이로 좁게 난 도로를 달리는데, 곳곳에 야생 동물 보호 표지판이 있었다. 나무가 너무 빽빽해서 그 안에서 뭐가 나와도 놀랍지 않을 것 같았다. 여긴 누가 살고 있으려나, 양? 사슴? 그런데 갑자기 차 앞으로 야생 토끼 몇 마리가 휙 가로질러 갔다. 토끼라니…… 나무 뒤로 비장하게 줄지어 준비하고 있는 토끼들이 상상되었다. 다음 차례 준비해. 자, 지금이야!

내가 사는 동네 문화 센터에 일러스트레이션 강좌가 있길래 신청했다. 2주짜리 짧은 강좌였는데, 첫날 강사가 수강생들에게 '죽음'이라는 주제를 줬다. 아니 2주 동안 죽음을 그리라고? 서로 잘 아는 이웃인 듯한 수강생들이 저마다 화초의 죽음, 지구의 죽음, 친구의 죽음을 하나씩 그려 왔다. 2주짜리 죽음은 무거우면서 가벼운 죽음이었으면 좋겠다고 생각하는데 문득, 화다다닥 도로로 달려들던 아일랜드의 토끼 떼가 떠올랐다.

토끼들이 왜 길로 뛰어들었을까? 담력을 시험하는 질풍노도 십 대 토끼들이었을까? 인간을 골탕 먹이고 싶었던 걸까? 혹시 뭔가 갚아 줄 일이 있었던 건 아닐까? 혹시 친구가 로드킬을 당했던 건 아닐까? 아냐, 너무 가지 말자. 혹시 뭔가 얻으려고 한 건 아닐까? 뭘 얻고 싶었을까? 맛있는 것? 아이스…… 크림? 그 순간, 내 이웃의 아이스크림 밴이 떠올랐다.

학교 가는 길에 아랫집 앞터에 세워 놓은 아이스크림 밴 아저씨와 자주 마주쳤다. 아저씨는 같은 시간에 늘 밴을 세차하거나 정비하고 있었다. 영국 관광지나 공원에는 아이스크림 밴이 어김없이 서 있다. 알록달록 아이스크림 장식을 매달고 다니는 밴의 벨 소리는 영국의 여름 소리라고 했던가. 익숙한 멜로디가 들리면 아이들이 뛰어오고 웃음소리가 퍼진다. 코에 붙이고 턱에 묻히면서 행복하게 아이스크림을 먹는 아이들의 모습, 참으로 다정한 풍경이다.

그러나! 우리 이웃집 아이스크림 밴 아저씨는 다정은커녕 아이들이 슬금슬금 뒷걸음칠 인상이었다. 세차도 정비도 마지못해서 하는 일인 양 던지듯 하고 표정도 어두웠다. 무엇보다, 한 번도, 단 한 번도 나의 인사를 받아 주지 않았다. 처음엔 무안했다. 눈인사라도 좀…… 아니야, 아이스크림 아저씨라고 누구나 다정하란 법은 없지, 본인은 하고 싶지 않았는데, 가업이라 어쩔 수 없이 이은 것일지도 몰라, 그래, 그럴 수 있어. 원래 무뚝뚝한 사람일지도 몰라, 아니면 수줍음이 많은 것일지도. 그냥 사람이 싫은 걸까, 아니면 혹시 내가 싫은 걸까, 혹시…… 인종 차별주의자인가…… 라는 데까지 생각이 닿은 순간, 소심한 복수를 감행하기로 했다. 그는 내가 2주 안에 완성해야 하는 책 속, 한밤의 토끼 떼에게 홀리는 아이스크림 밴의 기사로 낙점되었다.

# 39

프롤로그로 길 위에 쓰러진 토끼의 모습이 조명된다. 다음 페이지에서 아이스크림 밴이 급히 황혼의 숲길로 들어서는 장면으로 이어진다. 아이스크림 밴 기사는 하나둘 깡충, 차를 향해 달려드는 야생 토끼들에 넋이 나간다. 멈춰 선 밴 앞에 어마어마한 숫자의 토끼들이 풀숲에서 제 차례를 기다리고 있다. 구체적인 악당의 모델이 있으니 그림이 잘 풀렸다. 운전석 앞의 토끼 떼에 놀란 아저씨의 떨리는 시선에 문득 또 한 떼의 토끼로 가득 찬 후방 거울이 들어온다. 진퇴양난이란 이런 것이다. 한밤에 종이를 펴 놓고 그림으로 갚아 주며 혼자 신이 났다. 그러길래 한 번쯤은 인사를 받아 주지 그랬어…… 그래도 책 뒷부분에 아저씨를 집에 보내 주긴 했다. 한여름 밤의 악몽 후 도로 한복판에서 깨어난 아이스크림 밴 기사는 머리를 긁적이며 그 자리를 떠난다. 토끼들은 저마다 하나씩 아이스크림을 핥으며 멀어지는 아이스크림 밴을 바라보고 있다.

이 이상한 복수책 『토끼들의 밤』(책 읽는 곰, 2013)은 이듬해
볼로냐 도서전에서 일러스트레이터 전시 픽션 부문에 그림이
걸렸고, 덕분에 스위스의 출판사에서 출간되고는 그해
스위스 문화부에서 수여하는 '스위스의 가장 아름다운 책'에
선정되었다. 나의 소심한 복수는 아름답게 완성되었다.

이 악몽 같은 토끼 떼와 한여름 밤의 꿈을 겪은 아저씨 캐릭터는
개과천선하여 십 년 후『아빠, 나한테 물어봐』(버나드 와버 글
· 이수지 그림, 비룡소, 2013)에 카메오로 등장한다. 이 책에서
그는 토끼 한 마리와 동업하여 공원에서 아이들에게 다정하게
아이스크림을 건넨다. 모든 뒤끝은 창작의 근원일지어다.

구체적인 무엇이
되는 순간

영국에 있는 동안 런던 동물원에 몇 번 갔다. 그곳에 가 보니 앤서니 브라운의 『동물원』은 픽션이 아닌 다큐멘터리였다. 실재하는 공간, 누구나 알아볼 수 있는 지표, 현장감이 주는 메시지는 강력했다. 그의 그림처럼 동물원은 스산했다. 혼자 어슬렁어슬렁 걷다가 '곰 동산'에 도착했다. 제목에 걸맞게 콘크리트로 열심히 산을 지어 올렸다. '산'은 알겠는데 '곰'은 어디 있나? 아무리 찾아도 곰은 보이지 않았다.

그런데도 사람들은 계속 그 산을 바라보고 있었다. 내가 못 보고 있는 무엇이 있는 건가? 나도 그들처럼 한참을 멍하니 콘크리트 인공 산을 바라보고 있다가 지루해져서 돌아섰다. 텅 빈 동물원, 그들은 무엇을 보고 있는가? 나는 이곳에서 무엇을 기대하는가?

# 45

"포도주 좀 마셔."
앨리스가 식탁을 죽 둘러보았지만, 차밖에는 없었다.
"포도주가 어디 있는데요?"
앨리스의 말에 3월의 토끼가 대답했다.
"포도주는 없어."
앨리스는 화를 냈다.
"그렇다면 포도주를 권하는 건 예의가 아니죠."
3월의 토끼가 말했다.
"권하지도 않았는데 멋대로 자리에 앉는 것도 예의가 아니지."

『이상한 나라의 앨리스』 (루이스 캐럴 글·존 테니얼 그림, 김경미 옮김, 비룡소, 2005)

『이상한 나라의 앨리스』의 미친 모자 장수의 다과회에서의 대화가 떠올랐다. 그 자리에 없는 포도주를 권하는 3월의 토끼와 그 자리에 없는 곰을 권하는 곰 동산. 그리고 나는 곰이 초대한 적이 없는 다과회에 방문해 있다.

런던 동물원은 왕실의 부를 과시하고, 연구 목적과 오락거리 제공을 위해 1828년에 문을 열었다. 현대에 와서 생태적 환경을 강조하는 동물원들이 생겨났지만, 환상을 어떻게 직조하든 결국 철창은 철창이고, 숲이 그려진 출입구는 녹슬어 있다. 동물들은 제자리를 맴돈다. 동물들은 우울하고 사람들은 불편하다. 조잡하고 낡은 우리 속의 동물들은 자주 사라진다. 있어야 할 자리에 있어야 할 것이 없을 때 오는 낯선 감정이 스며든다. 곰이 있어도 이상하고, 없어도 이상한 공간이 아닐 수 없다. 조악한 무대 세트 같은 곰 동산에서, 나는 눈 가린 연극에 동조하는 공모자 같았다.

동물원에서 찍은 사진들을 인화해 보니 한 커플이 유령처럼
여러 번 등장했다. 콘크리트 산도 사진을 옆으로 이어가며
늘어놓고 보니 나름 장관이었다. 그래서 옆으로 길게 펼쳐지는
아코디언 폴드 형식으로 배경을 잇고, 이 유령들이 서 있는
주인 없는 풍경과 미친 모자 장수 다과회의 부조리한 대화를
병치시켜 책을 만들었다. 이 『곰 동산』(흰토끼프레스, 2000)은
후에 『동물원』(비룡소, 2004)의 기본이 되었다.

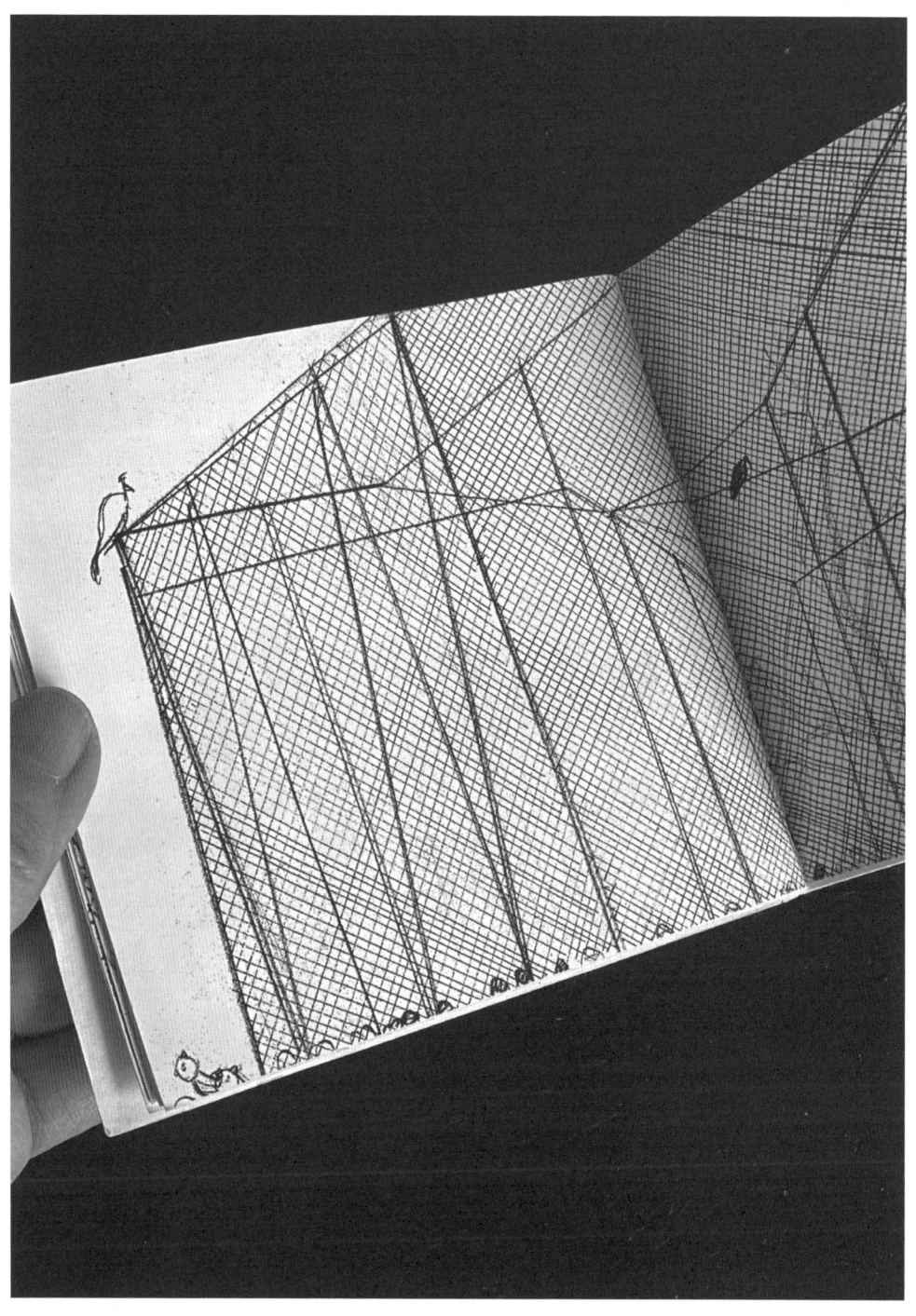

곰이 없는 곰 동산, 동물이 없는 기묘한 동물원을 배경으로
본격적인 그림책을 만들어 보고 싶어졌다. 동물원 같은
곳에서 종종 아이들은 부모를 잃어버린다. 분명히 엄마 손을
잡고 있었는데, 올려다보면 다른 사람이기 일쑤이다. 이렇게
이야기를 시작해 볼까. 한 가족이 동물원에 갔다가 손에 든
풍선 때문에 잠깐 잡고 있던 아이 손을 놓친다. 아이는 같은
장소에서 어른들과 다른 풍경을 본다.

우선은 찍어 온 런던 동물원을 배경으로 한 장편 더미 북을
만들었다. 그즈음 영국에서의 학생 비자가 끝나 런던을 떠나
파리의 친구 집에서 묵으며 한동안 지냈다. 그러는 동안 그림
판매전에도 참가하고, 내친김에 프랑스 출판사 한 군데에
투고했다가 바로 딱지를 맞았다. 뭔가가 부족하다는 마음이
있었기에 거절이 그다지 놀랍지는 않았다. 한국에 돌아와서도
계속 생각했다. 부족한 그 무엇이…… 뭘까?

스산함이라면 런던 동물원에 대적할 만한 곳이 한국에도 있지 않던가. 서울 능동의 어린이대공원 말이다. 당장 카메라를 들고 어린이대공원에 갔다. 박정희 시대의 유산답게 콘크리트로 높게 올린 거대한 코끼리 궁전 앞에서 발길을 멈췄다. 초록 한 떼기 없는 나른하고 따사로운 봄날의 궁전. 그 옆을 줄지어 걷는 유치원 아이들, 김밥과 삼단 도시락을 푸는 아주머니들, 색색의 풍선, 먼지 냄새, 꽃 냄새, 새똥 냄새, 미아를 찾는 방송, 팔각정, 그 시간에 거기 있을 복장이 아닌 사람들, 종일 벤치에 앉은 어르신, 동물에게 먹이를 주지 말라는데 굳이 먹이는 가족, 잔디 보호 팻말 옆에 앉아 소주 마시는 아저씨들, 날아가는 풍선, 바닥에 떨어진 아이스크림, 학교 제친 깻잎머리 삼공주, 동물 우리에 아무거나 집어던지는 아이들, 아이 부르는 소리, 웃음소리, 아지랑이…… 그리고 정작 그곳에서 사라진 동물들.

구체적인 공간 속에서 저절로 잡다한 이야기들이 피어났다. 모든 것이 내게 익숙한 봄날의 동물원 풍경이었다. 아, 이거구나. 어떤 막연한 것이 구체적인 것이 되는 순간. 마음속에 딸깍 스위치가 켜지고, 이제 무엇이 될 것 같다는 느낌이 들었다. 집에 돌아와서 더미 북을 뒤엎었다. 모든 것을 바꾸고 영국에서는 딱 한 가지만 가져왔다. 책 속에서 아이를 이끄는 어떤 비현실적 안내자가 있으면 좋겠다 싶었는데, 런던 큐 가든Kew Garden에서 마주쳤던 공작새가 생각났다. 사람들과 일정한 거리를 두고 넓은 공간에서 자유롭게 활보하던 공작은 다른 세계에서 따 붙인 존재처럼 보였었다. 큐 가든의 공작새를 어린이 대공원으로 불렀다. 무채색 공간에서 화려한 공작은 아이의 눈길을 끈다. 아이는 푸른 공작을 따라 경계를 건넌다.

동물원은 신기하고 아름다운 자연을 배우는 공간이면서
동시에 갇힌 자연에 대한 쓸쓸함과 연민을 접하는 장이기도
하다. 그 적막함과 쓸쓸함을 표현하려면 즐거움을 모두 걸러
내고 남은 색깔들이어야 할 것 같았다. 현실의 동물원은
무채색으로 가기로 했다. 어린이대공원 동물원의 색깔들은
하나같이 처연하고 쓸쓸했다. 자연스럽게 녹아드는 풍경보다는,
배경과 인물들이 서로 뚝뚝 떨어져 서로를 슬쩍 밀어내듯
표현하고 싶어서 종이를 잘라 콜라주 했다. 실컷 휘갈기며 그려
놓은 자유로운 연필 선을 무시하고 가위로 싹둑 잘라 낸 단면을
보면, 갑자기 울음을 그친 아이의 얼굴을 보는 것 같았다.
냉랭한 현실의 동물원과 마찬가지로, 환상의 동물원도 그리
다르지 않게 그리고 싶었다. 환상도 현실의 일부이고, 그것은
독자를 포근하게 끌어안는 종류의 환상은 아니므로.

책 작업이 중반으로 접어들면서 책의 제목에 대한 고민이
생겼다. '동물원'이라는 제목보다 더 좋은 건 없어 보였다.
어쭙잖게 '동물원의 긴 하루' 따위로 가느니 어때, 그냥 앤서니
브라운의 『동물원』과 정면 승부를 해봐? 혹시 누가 물어보면
오마주라고 대답해야겠다고 혼자서 생각해 두었다.

진짜 화가가
가르쳐 준 것

『나의 명원 화실』(비룡소, 2008)은 어렸을 적 스쳐 지나간
작은 기억을 바탕으로 쓴 글이다. 기억은 윤색되기 마련이고,
실제로 어디까지가 진짜였는지 흐릿하다. 이야기의 반은 겪은
일이고, 반은 지어낸 이야기이다. 이를테면 화실 이름은 정말
'명원'이었고, 진짜 화가는 정말 내가 그린 그 모습 그대로
인중도 길고 머리도 길고 몸도 길었다. 느닷없이 화실의
반쪽이 유치원이 된 것도 사실이다. 진짜 화가는 지나치게
유치원 선생에게 친절했고, 아리따운 유치원 선생과 진짜 화가
사이에서 미묘한 기류가 흘렀다. 이 두 분 이야기를 너무나
자세히 쓰고 싶은 욕망과 싸우다가 결국 마지막 단계에서 뺐다.

진짜 화가가 일고여덟 살짜리를 일단 앉혀 놓고 상상화가 아닌 바가지부터 그리라고 했던 것은 사실이다. 그 당시 정물화는 늘 바가지, 모과, 약탕기였다. 바가지는 정말 그릴 게 없었다. 그냥 허여멀겋고, 크고, 깊었다. 도대체 왜 이런 걸 그리는지 알 수 없었지만 어쨌거나 매일 하나씩 그렸다. 어떤 날은 바가지 뒤로 그림자가 지게, 어떤 날은 앞으로 그림자가 오게, 어떤 날은 뒤집어 놓은 바가지를 그렸다. 진짜 화가가 딱히 무슨 의도가 있었던 것 같지는 않다. 내 짐작으로는 진짜 화가는 상상화 따위는 생각해 본 적도 없는 성인 취미 화실 화가였고, 꼬마가 와서 그림을 가르쳐 달라고 하니 가장 밋밋하고 쉬운 정물을 하나 던져 준 것이기 쉽다. 어디, 이런 것을 매일 그리라 해도 또 오나 보자 했던 것일지도 모르겠다.

그런데 나는 계속 갔다. 샌드위치 패널로 막아 마련해 둔 진짜 화가의 작업실은 기묘하게 매력적이었다. 담배 냄새, 테레빈이나 린시드유 향 더하기 뭔가 알 수 없는 꼬랑꼬랑한 냄새로 버무려져 있는 어둑하고 안온한 공간에 들어서면 나도 모르게 스르륵 긴장이 풀렸다. 벽은 그림으로 간격 없이 가득 차 있었고, 나름대로 작업을 열심히 하는 화가였는지, 방에 들어갈 때마다 그림이 조금씩 달라져 있었다.

다른 아이들이 그 방에 들어가지 않는 이유 중 하나는, 진짜 화가의 책장에 달려 있던 작고 쭈글쭈글한 사람 머리 모양의 장식품 때문이었다. "아마존 어느 부족은 사람이 죽으면 머리통을 잘 말려서 저렇게 걸어 놓는대." "진짜? 저거 선생님이 말린 거야?" 짐짓 무시하는 척했지만, 사실 나도 겁이 나서 그쪽은 잘 쳐다보지 못했다.

그 쭈글쭈글 머리가 달린 책장 옆 작은 창문, 그 옆 벽 라디에이터 위에는 어떤 여인의 초상이 걸려 있었다. 뭔가 아련한 분위기라 눈길을 끌었던 것 같다. 보는 눈이 없었던 내가 보기에도 진짜 화가의 그림은 일관성이라곤 없었다. 매우 사실적인 풍경화 옆에 난데없이 김환기 풍의 추상화가 걸려 있었다.

내 마음을 따끔따끔하게 만들었던 카드는 진짜다. 이 카드가 『나의 명원 화실』을 쓰게 만들었다. 색색의 사인펜으로 무수히 찍은 점들, 꼬마를 위해 시간을 들여 이 점들을 찍고 있었을 진짜 화가의 구부정한 등을 생각하면 살짝 가슴이 뻐근해진다. 특히 도저히 알아보기 힘든 '예술가 체'로 적힌 '선생님하고는 하얀 백지 위에 은하수를 수놓자.' 대목을 읽을 때면, 늘 목구멍에 뭔가가 걸린 기분이 든다. 이후 나는 누군가를 축하할 일이 있으면 카드를 사지 않고 직접 만들어 보냈다. 그것보다 훌륭한 선물은 없다고 믿으며.

쓰다 보니 대부분이 사실이다. 너무 극적이라 거짓말 같지만, 심지어 화실에 불이 난 것도 사실이다. 그렇지만 책의 몇 가지 설정과 이야기 일부는 지어낸 것이다. 세탁소 이름 '오미사'는 경남 통영에서 들렀던 꿀빵집 이름이다. 야외 스케치를 하러 가서 '물을 그리는 방법'을 이야기해 준 사람은 진짜 화가가 아니라 M.C. 에셔(1898~1972, 네덜란드 예술가)였다. 중학교 때 즈음 에셔의 화집에서 「세 개의 세계」 그림을 보고 느꼈던 충격을 풀어낸 이야기다. 『나의 명원 화실』에는 렘브란트, 고흐, 페르메이르, 에셔의 그림이 살짝 혹은 적극적으로 인용되었다. 이 모두가 내가 그림을 배운 진짜 화가들이었다. 명원 화실의 진짜 화가는 또 다른 진짜 화가들을 만날 수 있도록 도와준 셈이다.

내가 그 화실을 다니면서 배운 것은 그림이었을까? 중요한 것은 화가라는 실재를 그렇게 근거리에서 관찰할 수 있었다는 경험, 저런 종류의 삶이 존재한다는 것을 내 눈으로 직접 보았다는 것일 게다. 그는 어쩌면 나를 진지하게 대해 준 최초의 어른이었을지도 모른다. 꾸준한 바가지 그림에 탄복한 건지, 꾸준히 화실에 나오는 것에 감명받았던 건지 알 수 없지만, 나중에 부모님께 전해 듣기로 본인은 무럭무럭 자라날 수지를 가르칠 능력이 없다며 친구가 한다는 진짜 입시 미술 학원을 소개해 주었다고 했다.

사람들은 스쳐 지나가면서 서로의 삶에 영향을 끼친다. 어쩌면 '어른'은, 우연히 자기 바로 앞에 선 작은 영혼에게 그때 당면한 최선을 다해 주는 사람, 그리고 무엇보다 자기 일을 계속하는 모습을 그저 보여 주는 사람일지 모른다. 멘토라는 말은 흔하지만, 스스로 멘토가 되고자 한다고 멘토가 되는 것은 아니다. 세상에는 단숨에 드러나지 않지만 말없이 삶으로 보여 주는 수많은 멘토가 있다.

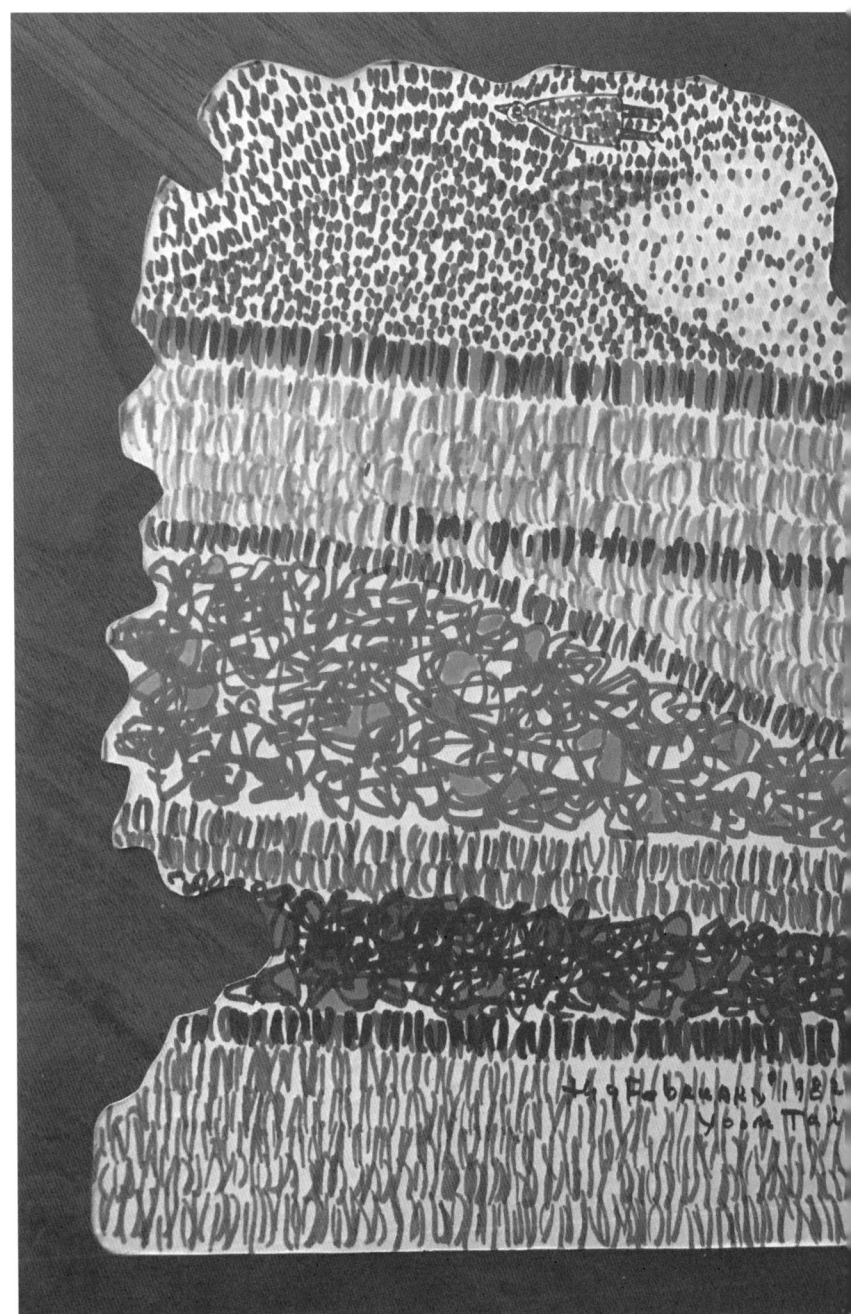

수지의 생일을 축하
하며 선생님이 하늘과
새와 산과 온라인 가시덤불
을 접으로 그리 넣었단다.
선생님은 수 많은 빛깔들
지가 훤명하고 지혜로운
노라가 되기를 기원하며
보다 더 나은 내일을 향
해 힘껏 도약질하는
건강한 꿈주님이 되기를
두손에서 빈다.
수지야 ─ 결코 성실하
고 학교 공부에도 살
이, 선생님하고는 하얀
박쥐위에 돈하숙을 속
놓자. 안녕

철수와
수지큐

남편의 공부 때문에 미국에 몇 년간 머물렀다. 텍사스라니.
미국에서도 가장 큰 주인 그곳은 중간쯤 있는 휴스턴에서
출발해도 텍사스주의 경계를 벗어나는 데만 아홉 시간이
걸렸다. 광활하고 허전했다. 그곳에서 어려운 장학생의 배우자로
지내는 동안 나를 버틸 무엇이 필요했다. 동네를 탐색하던
중, 인쇄 박물관The Printing Museum을 찾아가 보았다. 작고
아담한 박물관의 소장품은 소박했지만, 오래된 프레스들과
인쇄물, 활판 인쇄 도구까지 골고루 전시되어 있었다. 전시
일부로 석판화실이 있었다. 훅 풍기는 판화 잉크 냄새. 이건 그냥
전시실이 아닌 것 같은데…… 누군가 이곳에서 실제로 작업하는
흔적이 보였다.

대학 때 판화 수업에서 간단한 석판화 작업을 해 봤지만, 그것은
실제 돌이 아닌 돌 비슷하게 질감 처리를 한 금속판이었다.
석판화에 대한 나의 사랑은 도미에Honoré Daumier의 작업에서
왔다. 유난히 필력이 강조되고 거친 돌의 질감을 담뿍 담은
석판화를 제대로 해 보고 싶었던 내 마음속에 작은 흥분이
일어났다. 혹시 이곳에서 석판화를 해 볼 수 있을지도 몰라.

무작정 사무실에 가서 석판화를 배울 수 있는지 문의했더니, 철수가 나타났다. '철수'는 인쇄 박물관의 상주 예술가인 찰스 크라이너Charles E. Criner를 내 멋대로 부르던 이름이다. 철수도 나를 '수지큐Suzy-Q'라고 불렀다. 판화 찍고 싶으면 언제든지 오라고 한다. "정말요? 그럼 판화 시설 이용비가 있나요?" 조심스레 물었다. 잠깐 고민하더니, 그런 걸 물어본 사람이 박물관 개관 이후 네가 처음이라, 돈을 받아야 할지 말지 모르겠으니 그냥 오란다.

사설 판화 공방들이 시간당 값을 얼마나 호되게 매기는지
알고 있던 나로서는 무척 놀랐으나 그냥 오라길래 덥석 그냥
갔다. 한 푼이라도 아껴야 할 처지에 그저 감사할 따름이었다.
이후 작업을 시작하자 철수는 큼지막한 석판도 내 주고 아라빅
검과 에칭 액, 심지어 종이도 주었다. 종이까지 얻어 쓰는 것은
미안하여 그것만은 내가 사겠다고 힘겹게 철수를 설득해야
했다. 관람객이 많지 않은 박물관이었고, 어쩌다 관람객들이
들어도 열심히 작업하는 시늉을 하면 되었으므로 작업하기
좋은 환경이었다.

철수도 아마 내가 여느 호기심 많은 관람객처럼 한두 번
끄적거리다 가려니 했던 것 같다. 그런데 내가 꽤 진지하게
달려들어 눈에서 광선이 나가도록 작업하는 걸 보더니, 어느
순간부터 정말 열의를 가지고 가르쳐 주었다. 이후 박물관은
나를 모델 삼아 '박물관 유료 석판화 교실 프로젝트'라는 야심
찬 기획을 냈다. 몇 년 후에 철수에게 연락해 보니, 석판화
클래스를 열긴 했는데, 단 한 명도 오지 않았다며 멋쩍게
웃었다. "배우겠다고 청하고, 실제로 와서 작업한 사람은 오로지
너뿐이었던 거야." 느슨한 박물관 운영팀도 그저 빙그레 웃기만
하고, 심지어 마지막에 이 '검은 새' 작업을 박물관 전시실에
걸어 주기까지 했으니 나로선 그저 고마운 마음뿐이다. 그래서
나도 되도록 박물관 일정과 철수의 작업에 방해되지 않도록
일주일에 한 번, 정해진 시간에만 머물렀다.

철수는 무뚝뚝하지만 사려 깊고, 자신의 작업에 스스로
감사하는 머리 희끗한 굵은 팔뚝의 강건한 블랙 아티스트였다.
그의 환경에서 불가능에 가까웠던 미술 공부를 어렵게
한 그는, 목화를 따며 고생해 아홉 남매를 키운 어머니를
모티프로 흑인들의 가장 낮은 삶을 판화로 찍어 내었다.
진지하고 요란하지 않으며 스스로 즐거워하는 그림. 그리고
지역 내 커뮤니티 안에서 생산되고 유통되는 그의 예술이 무척
인상적이었다.

매사 유쾌하고 대충대충 작업하는 철수의 잉크는 언제나 반쯤
굳어 있고, 아라빅검이며 송진 통은 제자리에 있은 적이 없으며,
산이 섞인 검을 그냥 손으로 쓱쓱 발랐다. "내 손바닥이 제일
정확해." 하면서 말이다. 그렇게 대충해도 그의 판화는 항상
정확하게 나왔다. 이야기의 반 이상이 농담이라 어느 대목에서
웃어야 할지 생각하다 보면 이미 다른 이야기로 넘어가 있곤
했다. 그의 노래하는 듯한 블랙 악센트를 알아듣는 데 꽤 시간이
걸렸지만, 생각해 보면 영국식 억양이 뒤섞인 내 콩글리시를
알아듣는 철수가 더 대단했던 것 아닐는지.

첫 작업으로, 한번 날개를 펴면 구만 리를 나는 커다란 검은
새를 그렸다. 프레스기에 밀려 나온 첫 판화를 보고 철수가 눈을
동그랗게 떴다. 시간이 가면서 검은 새 이야기의 윤곽이 잡히고
나름대로 일관성 있는 석판화가 쌓여 가자 철수는 자기가 더
흥분하기 시작했다. 어디에서건, 어떤 상황에서건 작업하는
사람을 만날 수 있다는 건 즐거운 일이었다.

석판은 정말 두꺼운 돌덩어리였다. 다음 판화를 찍으려면 성긴 돌가루를 위에 뿌리고 미련도 없이 전 이미지를 모두 갈아 내야 했다. 평생을 작업하면 이 돌덩어리가 다 닳을까. 돌의 표면 위로 석판화용 크레용이 갈리며 지나가는 느낌이 후련했다. 그림 그리는 시간보다 표면 처리 시간이 더 들었다. 그날 해야 할 일을 시간을 아껴 다 해내야 했으므로 가장 효율적으로 일하는 것이 그날 작업의 유일한 목표였다.

1870년대에 만들어졌다는 박물관의 자랑, 원목 석판화 프레스는 요즘 프레스같이 쉽게 돌아가지 않아, 내 키보다 훨씬 큰 프레스 바퀴 손잡이에 온몸의 무게를 실어 대롱대롱 매달려야 했다. 한 번 돌리고 비 오듯 흐르는 땀을 식히고 있으려면 철수가 나타나 씩 웃고 한 손으로 (한 손으로!) 휘리릭 돌려 주고 갔다. 밀려 나온 판을 열어 완성된 판화를 보는 기분이란…… 짜릿함 그 자체.

미국을 떠나기 전, 한국에서 출간되어 날아온 『검은 새』
(길벗어린이, 2007) 책을 철수에게 선물했다. 철수의 큰 눈이
더 커지면서 두꺼운 손으로 내게 악수를 청했다. 진심으로
기뻐하는 게 느껴졌다. "수지, 너를 만난 건 행운이야. 이곳을
떠나서도 잘 살아라." 철수가 선물로 자기 판화를 주겠다고
했는데, 평소 그가 작업하는 풍만하고 강렬한 그림들 말고 내
눈길을 끌었던 작은 그림 하나를 달라고 했다. 바람에 잔뜩 부푼
원피스를 입은 소녀의 모습이 담긴, 그 큰 철수의 여리여리한
마음이 느껴지는 소품이었다. 나를 받아 준 보답으로 인쇄
박물관의 홍보 책자에 철수와 나란히 출연했다. 비록 둘의
자세는 어색하기 짝이 없었으나 나에게는 둘도 없는 소중한
사진으로 남았다.

철수. 어쩌면 내게는 두 번째 '진짜 화가'일지도 모르겠다.

모든 뒤끝은
창작의 근원 2

대학교 때 일러스트레이션 아르바이트를 한 인연으로 애니메이션 회사에 들어갔다. 분명히 회사이긴 했는데 회사 같지 않은 회사였다. 대학 졸업 후 전시를 하겠다고 인사동을 쏘다니며 새벽까지 전시 뒤풀이에서 선배들이 서로 싸우는 것을 구경하다가, 아침에는 멀쩡하게 회사에 출근했다. 그때는 모든 것을 다 해 볼 때였다. 일러스트레이션의 'ㅇ'도 모르고 애니메이션의 'ㅇ'도 모르지만, 하다 보면 일다운 일을 하게 되겠지 하고 회사도 열심히 다녔다.

회사에서 제시간에 집에 들어간 적이 없었는데, 분명 야근하느라 늦게 들어간 것은 아니었다. 그곳에는 애니메이터, 배경 작화가, 만화가, 일러스트레이터가 모여 있었는데 선배들에게 매일매일 배웠다. 배경 작화가 덕에 나는 그때까지 뭔가를 정확하게 알고 그것을 명확하게 그린 적이 없다는 것을 깨달았다. 원근을 왜곡하면 제아무리 커다란 풍경도 몽땅 한 화면에 넣을 수 있다는 사실을 만화가에게 배웠다. 등장인물을 어느 방향에서 보아도 일관된 하나의 전체로 보이도록 그리는 법도 배웠다. 움직이는 그림보다 움직이지 않는 그림을 내가 더 좋아한다는 것을 애니메이션 회사에서 알게 된 것은 아이러니이다. 좋은 공기와 좋은 풍경에서 좋은 이들과 술을 마시면 취하지 않는다는 것도 알게 되었다. 리더의 미덕과 부덕을 배웠고, 아무리 좋은 사람들이 많이 모여도, 낭만과 의지만으로 프로젝트가 굴러가는 건 아니라는 것도 알게 되었다. 다정한 사람이 정말 화가 났을 때는 돌이킬 수 없다는 것을 알게 되었고, 예술가들이란 참으로 비현실적이라는 것도 새삼 알게 되었다.

회사의 일러스트레이터 선배가 일을 소개해 주어서 처음으로 책에 그림을 그렸다. 포트폴리오를 보충해 출판사들을 돌아다니다가 일거리를 더 얻게 되었고, 그렇게 출판 동네에 들어섰다. 일단 화가를 무시하고 시작하는 편집자, 되는 것보다 안 되는 게 더 많은 편집자도 만났다. 무엇이든 물어봐도 되는 편집자도 만나서 덕분에 궁금한 것과 속에 든 말은 다 꺼내 놓고 지냈던 날들은 행운이었다. 그맘때는 작가들과 출판사의 술자리도 많았다. 연말이면 여기저기 옮겨 다니며 얻어 마셨다. 그런 자리에 가 보면 꼭, 넌 누구냐, 네가 좋아하는 작가는 누구냐, 그건 틀렸어! 대답도 하기 전에 어깃장 놓는 사람들이 있곤 했다. "네가 어린이를 알아?"도 빠지지 않았다. 그러나 해외의 그림책을 구해 보기 힘들던 시절이라, 비록 주사가 심할지라도 그들의 책장에 꽂힌 귀한 책들을 꺼내 볼 수 있게 해 준다면 다 용서해 줄 수 있었다.

'우리 어린이에게 가장 좋은 우리 것을 주어야 한다.'가 전반적인 분위기였다. 제대로 번역된 이론서가 나오기 전이라, 스스로 아쉬운 이들이 재능 기부하여 번역한 유리 슐레비츠의 『그림으로 글쓰기』(김난령 옮김, 다산기획, 2017) 같은 책을 복사 제본해서 돌려보며 편집자와 작가가 함께 공부했다. 이미 고전이 되어 버린 세계의 유명 그림책이 대거 번역 출간되어 쏟아져 내리기 시작했고, 그 세례를 받은 독자들의 눈은 높고 현실은 미약했다.

존 버닝햄은 교주였고, 마쓰이 다다시의 『그림책의 힘』(가와이 하야오, 야나기다 구니오, 마쓰이 다다시 글, 햇살과나무꾼 옮김, 마고북스, 2003) 같은 책은 바이블이었다. 화가, 편집자, 디자이너, 이론가의 동인지 《꿀밤나무》는 단비였다. 우리 창작 그림책이라는 오로지 가능성뿐인 분야에 모두가 목말라 있었고, 머리와 가슴을 적실 기회가 있으면 모두 알음알음으로 용케 찾아들었다. 동심 천사 주의를 배격했지만, 어린이를 벗어난다 싶으면 닦아세웠다. 미술 운동으로 시작된 우리 창작 그림책의 역사는 아직 짧아, 존경스러운 선배와 당찬 후배, 의욕 넘치는 작가와 심지 곧은 편집자가 서로를 실험할 때였건만, 그 와중에 정답과 오답, 우열도 열심히 갈랐다.

그즈음 나를 불타오르게 한 일이 있었다. "화가들이 그림책을 자꾸 만드는데, 요즘 화가들이 만드는 책은 하나같이 서사가 없다. 글공부 좀 더 해야……." 정도로 요약되는 글을 어느 잡지에서 보게 된 것이다. '서사가 없다.'는 마법의 주문이었다. 이 말만 하면 화가들이 픽픽 쓰러졌다. 그것을 내면화하고 있는 화가들도 적지 않았다. 많은 화가가 글의 권위에 주눅 들어 있었고, 본인을 작가라고 칭하는 것을 어려워했다.

어느 자리에서 "그림책 작가 이수지입니다."라고 나를 소개했는데, 옆에서 한 선배가 작게 웃었다. "응, 너 '그림책 작가'야?" 본인을 소개할 때 '화가'라는 말조차 아끼며 스스로 "그림 그리는 누구입니다."라고 소개하는 경우가 대부분이었다. 겸양인지 자조인지, 화가들은 항상 한발 뒤로 물러서던 분위기였다. 나는 쥐뿔도 없었지만, 꼬박꼬박 나를 "그림책 작가 이수지입니다."라고 힘주어 말하고 다녔다. 분명 턱없이 부족했으나, 나라도 그림책 작가라고 스스로 불러 줘야 그림책 작가가 될 것 같았다. 무엇보다 정말 '그림책 작가'가 되고 싶었다. 그림책 작가로서 문학적 감동이 우선인 관점에서 벗어나 그림 그 자체로 메시지를 길어 올려 보고 싶어졌다.

우습게도 어쩌면 나는 이런 분위기에 역행하고자 글 없는 그림책을 하겠다고 마음먹었을지도 모른다. "미안하지만, 이건 화가만 만들 수 있는 종류의 그림책이랍니다." 하고 우쭐거릴 생각이었다. 하지만 우쭐거려 봤자 글 없는 그림책은 변방 중의 변방이었다. 하긴 명칭도 '글 없는 그림책'이 뭐람. 무엇이 없음을 강조해서 자기를 세우는 이름이라니. 이미지 우위의 시대가 오는 것은 어쩌면 어린이라는 존재가 어른이 만든 시스템 안에서 제 목소리를 찾는 것과 비슷한 느낌이었다. 원칙이 공고한 세계에서는 변칙을 꾀하는 것이 좋은 방법이곤 하다.

이런 불순한 의도로 잠입했으나, 막상 '글 없는 그림책'의 세계로 들어섰을 때, 나는 변칙이고 뭐고 다 잊어버리게 되었던 것 같다. 그림의 언어로 열리는 세계는 말 그대로, 말로 표현할 수 없는 세계였다. 오로지 이미지의 논리로 진행되는 서사라니…… 그저 매혹되었다. 그림의 언어는 드니 빌뇌브 감독의 SF 영화 「컨택트 Arrival」에서 외계 생명체 헵타포드가 그리는 언어와 비슷하다. 끝을 품고 시작하는 이미지의 작동 방식, 선형적이고 순차적인 세계의 고리를 끊고 동시다발적으로 다가가서 눈길이 닿는 순간 어느새 설득되어 버린다. 시각적인 언어로 이야기를 하다 보니, 글을 제외하고 동원할 수 있는 모든 자원을 끌어다 쓰게 되고, 그러므로 책의 물성과 매체성에 탐닉하게 되는 것은 당연한 순서였다. 말 없는 그림책이 내게 말없이 말 걸어오는 내밀한 세계, 이것은 완전히 다른 언어이며, 이것이 바로 나의 언어구나. 내 안의 이야기를 표현할 목소리를 갖게 되던 순간, 진심으로 기뻤던 것 같다.

앞선 모든 사람과 모든 작업이 선생이다. 때로는 반동도 동력이 된다. 악당은 나의 성장을 돕고, 강렬한 뒤끝을 불러와 나의 내부의 땔감이 되어 준다. 그다음에는 내 멋대로 아름답게 타오를 뿐이며, 그 불꽃은 어디로 튈지 모른다.

진창에서
건져지기 1

미국의 한 편집자가 출판사에 보내진 원고들에 관해 설명하는 것을 들은 적이 있다.

"……하지만 원고들은 대개 '슬러시 파일 slush pile'로 보내져요."

편집자가 아차 싶었는지 말끝을 흐렸다.

"……물론 나는 '슬러시 파일'이란 표현을 좋아하지는 않지만……."

슬러시 파일이란 출판사에 출판을 의뢰해 온 수많은 원고 더미를 말한다. 편집자가 따로 발굴해 내거나, 소개받거나, 에이전트를 통해 받은 원고가 아니라 무작정 출판사로 들어온 원고들을 일컫는 업계 용어이다. 미국의 대형 출판사 입장에서는 매일매일 최고 높이를 경신하며 쌓여 가는 투고 소포들에 한숨이 나올 만도 하다. 하지만 신인 작가의 처지에서는 '슬러시'라는 표현에 무릎 힘이 빠진다. '녹아 엉망이 된 진창'이라니. 영혼을 갈아 넣어 만들어 보낸 나의 소중한 원고가 그 진창 속에서 꼬르륵 소리를 내며 가라앉고 있는 모습을 상상해 보라.

바로 진창으로 던져지는 것은 아니고, 원고는 어찌 되었든 편집자가 한번 훑어보기는 한다. 『검은 새』작업을 끝내고 만든 더미 북을 여러 곳의 미국 출판사에 보냈었는데, 줄줄이 거절 편지를 받거나 거절 편지조차 못 받았었다. 그런데 나중에 다른 책 때문에 이야기를 나누다가 문득 어떤 미국인 편집자가 "너의 『검은 새』는 강렬했지만, 우리 시장에서는 적절하지 않았어."라고 말하는 거다. 이런. 절대 안 본 척하지만, 실은 일별이라도 한다는 사실을 알게 된 순간이었다.

남편 때문에 미국에 와 있었고, 나는 '미국 온 김에 여기서'를 외치며 기약도 없이 작업하던 때이다. 미국 텍사스의 코딱지만 한 아파트 거실에 『파도야 놀자』(비룡소, 2009) 스케치들을 몇 장 펼쳐 놓으면 걸어 다닐 곳도 없었지만, 매일 그림이 쌓여 갔다. 이게 되는 작업인지 안 되는 작업인지 모른 채 계속해 나갔다. 쓱쓱 목탄을 긋고 또 그으며 혼자 신나서 그리고 또 그렸다.

내가 머물던 휴스턴에서 한 시간 달려가면 갤베스톤Galveston 해변이 나왔다. 하필 검은 모래 해변이라 새파란 내 그림과 어울리지는 않았지만 그래도 열심히 풍경을 카메라에 담았다. 마침 놀러 나온 멕시코계 가족을 만났다. 여자아이가 파란 옷을 입고 있는데 물에 젖어 온통 옷이 늘어나 있었다. 물결을 따라 떼 지어 종종거리며 파도 끝을 밟는 갈매기들도 눈에 들어와 책에 등장시키기로 마음먹었다. 현장은 언제나 풍성한 구체성을 부여해 준다. 바다의 기운을 받고 오니 작업에 속도가 붙었. 더미 북은 내가 할 수 있는 최대한의 노력을 기울여 책이 실제로 인쇄되어 나왔을 때의 결과물에 가깝게 만들었다. 페이지를 계산하고, 양면으로 잉크젯 프린트를 하고, 자르고, 바느질하고, 하드커버로 표지를 만들고 면지에 풀을 발라 표지에 고정했다. "이렇게까지 만들었는데, 정말 이래도 출판 안 해 줄 거야?"라고 더미가 외치고 있었다. 출판을 하고 싶다, 출판을 하고 싶다!

그런데 어떻게?

어떻게 해야 이곳에서 출판될까?

진창에서
건져지기 2

막막했다. 도대체 미국이란 나라에서 책을 출간하려면
어떻게 해야 하는 거야?

미국에 오기 전, 이탈리아와 스위스의 출판사에서 책을
냈지만, 그건 정말 볼로냐 도서전에 가서 발품 팔아서 직접
출판사를 대면하고 책을 판 것이다. 하지만, 미국에서는
어딘가 학교에 적을 두고 있다면 또 모를까, 심심한 휴스턴에서
우연히라도 출판사를 만날 일은 없었다. 일단 인터넷 검색을
시작했다. 그런데 알면 알수록 오리무중이었다. 우선 대부분의
출판사 웹사이트의 투고 방법 안내문에는 하나같이 '청하지
않은unsolicited 원고는 받지 않는다.'라고 쓰여 있었다.
청하지 않은 것이 아니 된다면 이미 청해진 것이어야 하는데,
청해지려면 애초에 청을 넣을 수는 있어야 하는 것 아니려가?
이 무슨 말장난이란 말인가. 원천봉쇄 아닌가. 결국 청해
줄 에이전트를 통하지 않으면 시도도 할 수 없다는 말인 것
같은데, 그럼 에이전트부터 구해야 한다는 말인가? 에이전트는
어떻게 구하는 것인가? 질문 너머 또 다른 질문이 기다리고
있었다. 미국 출판계와 조금이라도 관계가 있을 법한 사람들을
어렵사리 찾아 물어보았으나, 대답이 오지 않거나 잘 모르지만
그냥 힘내 보라는 답장만 돌아왔다.

조언을 주는 웹페이지들은 한결같이 SCBWI(Society of Children's Book Writers and Illustrators)에 모든 정보가 있으니, 미국에서 책을 내고자 하는 신인 작가라면 그 단체에 가입하는 것이 첫 번째 해야 할 일이라고 했다. 가입하면 정보와 목록으로 가득 찬 벽돌 두께의 카탈로그를 제공한다고 하는데, 알아보니 회원 가입비가 부담스러웠다. 혹시 가까운 공공도서관에 카탈로그가 있지 않을까 하는 생각이 들었고, 당장 가서 뒤져 보니 전해의 카탈로그가 있었다. 기쁜 마음으로 카탈로그를 훑으면서 귀동냥으로 들어 본 출판사와 편집자의 이름을 옮겨 적었다. 그래도 볼로냐 도서전에서 많은 출판사를 만나 보았던 것이 도움이 되었다. 출판사들의 경향성이란 것이 있을 테니, 출판사가 나를 마음에 들어 할지는 차치하고 우선 내 마음에 드는 출판사들의 리스트를 작성해 보기로 했다.

내 책을 흥미로워할 만한 출판사는 어디일까? 지금은 사라진 시내의 보더스Borders 서점에 가서 이 책 저 책 뒤지며 출판사들의 이름을 훑었다. 『상상 이상』(이슈트반 반녀이 지음, 내인생의책, 2006)이 손에 잡혔다. 이슈트반 반녀이의 작업은 내가 매력적으로 느끼는 여러 지점에 걸쳐 있었다. 그래픽적인 요소가 강하고 신선한 실험이 있는데, 동시에 어린이를 놓치지 않는 것처럼 보였다. 편하게 다가오지만, 볼수록 생각하게 만드는 책이었다. 책등의 출판사 이름이 익숙했다. 디자인 편집숍 서가에서 눈에 띄던 디자인 서적들에서 자주 보던 출판사였다. 이곳이 그림책도 하는구나. 감히 반녀이 책 위에 내 책을 얹어 보았다. 이런 곳이라면 슬러시 파일에 한번 묻혀 봐도 괜찮지 않을까? 다시 도서관의 카탈로그에서 적어 온 열 개 남짓 출판사와 편집자 이름 목록을 대조하며 웹사이트를 찾아보았다. 여전히 출판사 열 중 아홉은 '청하지 않은 원고는 받지 않느니라, 함부로 보내지 말란 말이다.'라고 쓰여 있었지만, 공교롭게도 내가 마음에 두었던 그 출판사만 놀랍게도 그런 경고문이 없었다. 좋았어. 여기부터 시작해 보는 거야.

투고를 하는 데 필요한 것들의 목록을 작성했다. 웹 페이지들을 참고해 가며 '커버 레터cover letter'라는 것을 썼다. 간략하게 작업 소개를 하고, 내 책이 왜 출판되어야 하는지를 과장하지 않으면서 명쾌하게, 그리고 정중하게 쓰려고 애썼다. 어떤 영어 표현을 써야 할지도 잘 몰라 기존의 표본들을 참조해 가며 써 내려갔다. 편집자라면 작가에게 이런 것이 궁금하지 않을까 생각하면서.

에이전트를 구하겠다는 생각은 이미 접었다. 에이전트를 구하는 노력이나 출판사를 구하는 노력이나 어차피 처음 시작하는 나에게는 같을 것 같았다. 우린 너를 청한 적이 없다며 팔짱 끼고 냉정하게 입구에서부터 내치고 있지만, 어쨌든 출판사도 결국은 신선한 작업을 찾고 있지 않겠나 하는 생각으로. 아무도 말해 주지 않으므로 내가 그냥 대충 '이렇게 하면 되지 않겠나?' 쪽으로 길을 탐색해 갔다. 애써 스스로 용기를 주는 주문을 외우지만, 될지 안 될지 모르는 일을 한다는 것은 우울한 일이다. 우울한 건 사실이야, 하지만 우울해도 뭐라도 하면서 우울한 게 좀 더 낫겠지.

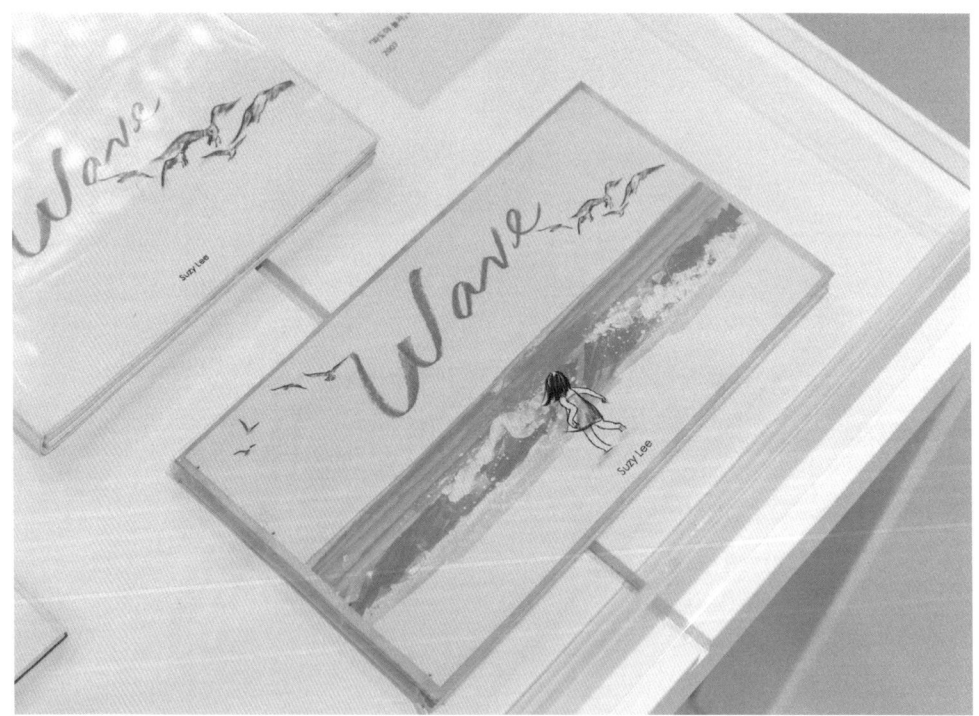

준비하면서 이것저것 찾아보니, 시간이 걸리더라도 중복 투고는
안 하는 것이 좋을 것 같다는 생각이 들었다. 이 비정한 투고의
세계에도 도의란 것이 있겠지. '떡 줄 사람은 생각이 없어도 나는
지킬 것은 지킨다.'라고 쓰고 '지금 누가 누구 생각을 하니.'라고
읽는다. 어찌 되었든, 한 출판사에 거절을 '확실히' 당한 후 다음
출판사에 보내겠다는 내 나름의 규칙을 세웠다.

더미 북을 마지막으로 손보았다. 대차게 거절당하며 오랫동안
여러 출판사를 많이 돌아다녀야 할 테니 표지 보호를 위해
두꺼운 투명 플라스틱을 접어 더스트 재킷도 만들어 씌우고,
제본도 신경 써서 튼튼하게 했다. 아니다 싶으면 빨리 돌려
달라고 집 주소를 적은 반송 봉투도 첨부했다. 거절당한 뒤에
더미 북을 돌려받을 때까지 시간이 지나치게 오래 걸리면
그동안 다른 출판사에 시도할 흑백 복사본 더미 북도 몇 권
만들었다. 모든 간절함을 담아, 나로서는 이보다 더 할 수 없는
만반의 준비를 마친 뒤, 우체국에 가서 비장하게 소포를 부쳤다.

남편의 일정은 마무리되어 나의 미국에서의 시간이 끝나 가고
있었다. 더미 북을 보낸 지 한 달 남짓, 미국을 떠나기 바로 직전,
출판사로부터 『파도야 놀자』를 계약하고 싶다는 편지를 받았다.
그 순간 문득 세상이 조금 더 밝아졌던 것으로 기억한다.
그러니까, 내 원고는 그 슬러시 파일에서 건져졌던 거다. 그
녹아내리는 진창 늪에서 올라와, 눈을 비비며 밝은 빛을
마주하게 된 순간이었던 거다.

# 2

온종일

　　달
　　리
　　고
　　싶
　　다

엄마들은
어떻게 작업하는가 1

둘째 바다는 첫돌 막 지났고 첫째 산이는 천방지축 세 살 적, 남편의 직장 때문에 싱가포르에 살던 동안 잠시 한국에 부모님을 뵈러 왔었다. 마침 서울 국제 도서전 때라 부모님께 아이들을 맡기고 나들이했다.

오랜만에 많은 사람을 만나고, 소개받고, 인사하느라 내게 주어진 몇 시간 동안 정작 도서전 구경은 하나도 못 했다. 그래도 너무너무 재미있었다. 돌아오는 전철 안에서 머릿속에 많은 생각이 왕왕댔다. 새로운 책들, 떠오르는 아이디어, 흥미로운 프로젝트 그리고 사람들, 인상, 느낌, 평가 그리고 새로운 화두, 곱씹어 봐야 할 주제들에 가슴이 뛰었다. 집에 가서 정리해서 써 봐야지 하며 잔뜩 마음이 부풀었다.

버스에서 내려 아파트 단지 안으로 들어오니 엄마가 산이를 데리고 마중 나오셨다. 나를 발견하고 환한 웃음으로 종종종 뛰어오는 녀석. "엄마 없는 동안 잘 지냈어?" 산이를 안고 빙빙 돌며 놀다가, 찻길로 지나가는 산이의 사랑 아야야카(구급차)를 구경하다 보니 머릿속의 생각들이 반쯤 날아가 버렸다.

저녁 시간은 배변 연습 중이던 산이에게 "응가 마려우면 변기에 앉아서 누자."를 한 삼백 번쯤 말하면서 보냈다. 결국 기저귀를 채웠으나 산이는 똥을 누지 않았다. 바다에게 젖을 먹이고 산이까지 재우고 나니 그나마 남아 있던 생각들이 모두 다 날아가 버렸다.

매일 그런 날들의 연속이었다.
엄마들은 어떻게 작업을 하는가?

주머니 속의
송곳

아이를 키우면서 내 작업을 한다는 것은 정말 어려운 일이다. '세상의 많은 엄마 작가들이 비슷할 텐데. 막연한 죄책감과 부족한 성취감 사이의 어딘가를 늘 헤매고 있을 텐데. 그런 이야기들을 나눌 데가 있으면 좋을 텐데. '선배 엄마'들이 살짝, 밀어 주면 좋겠는데…….' 하는 생각으로 이따금 이 주제의 글을 블로그에 썼다. 그 밑에 비슷한 처지의 작가들이나 혹은 이미 겪은 선배들이 답글을 달아 주기도 했다.

―지금도 잘하고 계십니다……. 작가나 엄마나 한 가지에 전념한들 100퍼센트 엄마나 100퍼센트 작가가 될 수 있을까요?

―창작 그림책 작업만 하고 있다 보니 달팽이처럼 발전하고 있어요. 그러나 엄마가 된 것, 그림을 그리게 된 것에 항상 감사하고 있어요. 다시 태어나도 이 두 개의 자리를 갖고 싶어요.

―아기가 지금 옆에서 꿍꿍거리는데 글 보고 있어요…… 재미있어요. 잘 보고 가요. 점점 더 꿍꿍대서 이제 안아 줘야겠어요.

―하여간 두 아이가 수지 씨를 매우 바쁘게 만들겠지만 그래서 더더욱 기쁜 날도 많을 거라는 건 믿어도 좋을 거예요. 한 이십 년 씨름하고 나면 휴, 한숨 내쉬고 내 시간이 좀 많아지더라고요.

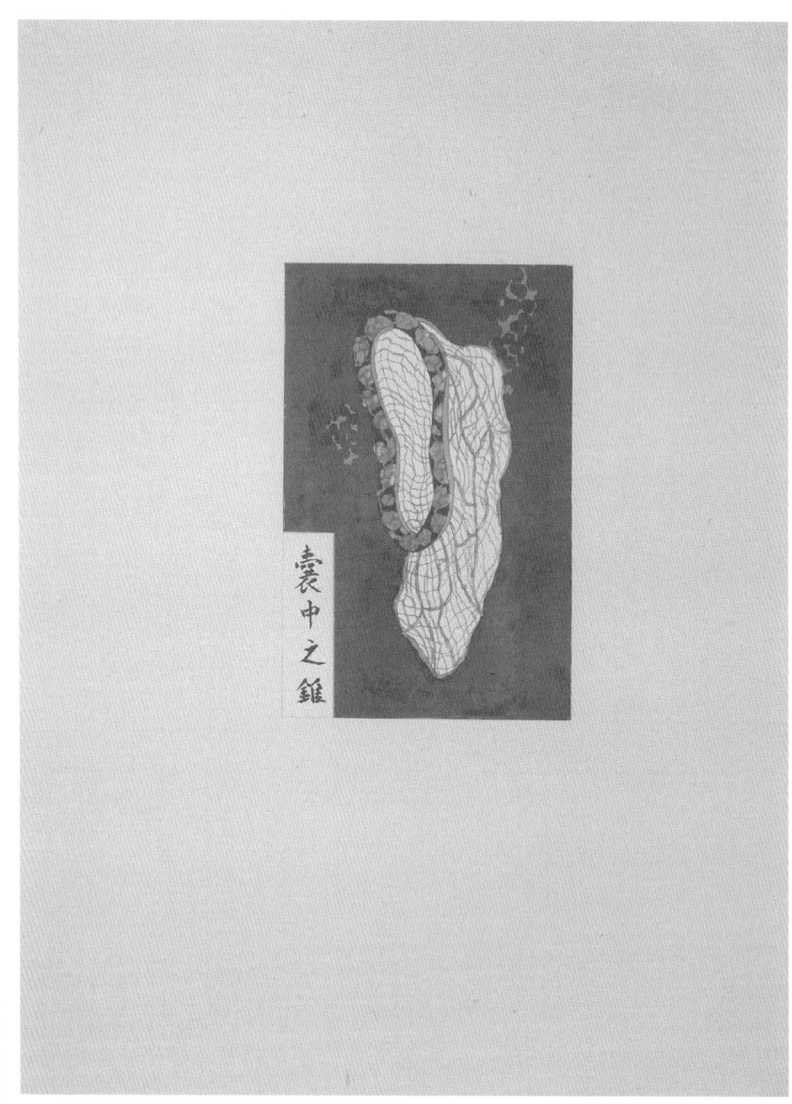

'조금만 힘내, 한 이십 년!'은 과연 위로가 맞는지 생각하고 있는데, 마침 이미지가 첨부된 이메일이 편지함에 하나 들어왔다.

"그냥 수지 씨한테 보여 드리고 싶어요. 제목은 '낭중지추.' 흔히 '탁월한 사람은 눈에 띈다.'라는 뜻으로 쓰이는데, 저는 글자 그대로 '주머니 속의 송곳'이라고 생각했어요. 주머니 낳은 여성의 자궁으로 여기고, 주머니 속에 송곳을 가진 종족들이 있다고 생각해요. 다른 사람들 눈엔 '재주'로 보이나 이 사람들에겐 '천형'처럼 느껴지기도 하지요.

세상에는 종족이 생각보다 많아요."

한창 아이들이 어릴 때, 손이 많이 갈 때, 작업 못 해 허탈감에 시달리고 있을 때, 하필 그때가 아이들이 가장 예쁠 때이기도 하다. 마음의 바닥을 치고 있을 때, 생각하곤 했다. 주머니 속의 송곳은 나를 찌르지만, 결국은 삐죽, 뚫고 나올 그것.

에브리띵이즈언더컨추롤

그림책 작가가 되어서 좋은 점이 무엇이냐는 질문을 가끔
받는다. 여러 가지가 있겠지만 그중 가장 예상하지 못했지만
좋았던 점은 그림책으로 여행을 하게 되었다는 것이다. 순전히
그림책 덕에 여행하고 낯선 곳에 가고 사람들을 만났다. 이
그림책 여행의 맨 처음은 독일 베를린과 이탈리아 만토바의
문학 축제였다. 둘째 낳고 한창 정신없었을 때 그러니까,『파도야
놀자』가 출간되었고,『그림자놀이』(비룡소, 2010)를 작업할 무렵
베를린 국제 문학 축제에 초대받았다. 그 사실을 알게 된 나의
이탈리아 출판사가 베를린 오는 김에 만토바 문학 축제에도
들러 가라는 것이다. "비행깃값 주고 재워 주고 용돈도 좀 줄
테니, 날아와서 네 책 이야기 좀 하고 아이들과 놀고 그리고
축제를 즐기는 것 어때?" 나는 대답도 안 했는데 베를린과
만토바가 서로 연락을 하더니 두 곳을 경유하는 열흘 정도의
일정표까지 짜서 보내왔다. 남편은 '초대 작가'라니 멋지다며
흥분했다. 그러나 내 머릿속에 떠오른 것은 오로지 '열흘이나?
그동안 젖이 끊기면 어쩌지?'였다.

첫째가 두 돌 좀 넘겼고, 둘째가 태어난 지 일곱 달 무렵이었다. 아이들이 태어나서 엄마랑 단 하루도 떨어져 본 적이 없는데, 과연 엄마 없이 그렇게 오래 지낼 수 있을까? 온통 내 머릿속엔 젖 먹이는 문제만 맴돈다. 열흘이면 젖이 마를 수도 있지 않을까? 아무리 유축을 잘해도 아기가 먹어 주는 것과 다른데, 젖몸살 나는 거 아냐? 젖 먹이지 않고 재우기 쉽지 않을 텐데. 큰소리치지만, 아무리 도우미가 있어도 남편이 둘 다 돌볼 수 있을까? 엄마 팔 부비부비해야 잠이 들고 하루에 엄마를 삼만 번쯤 부르는 산이는 괜찮을까?

마음속에 지진을 일으키고 있던 나에게 남편이 말했다.

"에브리띵이즈언더컨추롤, 잘 다녀와."


어린이도 응원이 필요하고 어른도 응원이 필요하다. 마법 같은 저 한마디는 모든 걱정을 덮어 주었다. 떠나기 이 주일 전부터 모유 수유를 줄이고 분유 먹이는 연습을 시작했다. 가슴이 뭉쳐서 불편하고 아팠다. 수유를 줄이니 몸이 정상이 아니어서 몸살이 왔다. 바다를 아기 침대에서 재우기 시작했다. 밤중 수유를 끊었고, 밤에 깨면 젖이 아닌 보리차를 먹였다. 바다와 아빠가 함께 자는 연습을 했다. 시간이 나면 강연 자료를 손보았다. 생각대로 잘 될까 걱정되었다. 그리고…… 떠났다.

비록 젖몸살로 띵띵 부은 가슴을 하고 다녔지만, 베를린에 모인 젊은 기획자, 작가, 낭독자 그리고 독자들, 밤 도서관의 책 냄새, 베를린 어느 초등학교 방문은 무척 인상적이었다. 비행기 타고 이탈리아로 넘어오자 거짓말처럼 날이 개고, 높고 새파란 만토바의 하늘을 보자 가슴이 탁 트였다. 환대, 책 동네 사람들에 둘러싸여 맛있는 음식을 먹으며 오로지 책 이야기와 사는 이야기를 나눴다. 사람들이 책을 대하고 누리는 태도를 보니 마음에 신선한 공기가 주입되는 것 같았다. 그 후 도돌이표 일상과 쓸데없는 걱정에 내가 작아질 때, 마침 초대장이 날아오면 덥석 잡고 떠났다. 가기 전에 만반의 준비를 해 놓고, 예쁜 나의 아가들에게 쉴 새 없이 뽀뽀하며, 떨어지지 않는 발걸음을 겨우 떼지만, 등 뒤로 문이 닫히고 여행용 가방이 돌돌 굴러가는 소리를 의식하는 순간, 야속하게도 싹 접고 앞만 보고 걸어간다. 가서 또 숨을 쉬고 올게, 성장해 올게! 그때마다 남편은 외쳐 주었다.

에브리띵이즈언더컨추롤!

축제로구나

이탈리아 만토바, 작은 도시에 도착해서 숙소에 짐을 풀고 일단 나왔다. 광장에 있는 축제 사무실로 들어가니 잔뜩 쿠폰을 준다. 만토바 시내 이 쿠폰 그림이 붙어 있는 어느 식당이든 이용할 수 있다고 했다. 이 작은 도시의 중심가는 몇 번 골목을 돌자 대충 감이 잡혔다. 비행기가 애매한 시간에 도착하는 바람에 미처 환전을 못 해 만토바의 은행에 들렀으나, 예상대로 두 군데 은행에서 모두 싱가포르 달러 환전이 불가능하다고 한다. 그리하여 "내가 돈이 없어서……." 하며 계속 얻어먹거나, 쿠폰으로 버텼다. 어쨌든 그 축제에서 작가는 굶을 일은 없었다!

문학 축제에 참여하는 모든 작가의 책을 판매하는 천막 서점이 도시 여기저기에 열렸다. 책을 안 사려 아무리 버텨도 사지 않을 수 없도록 길목마다 있었다. 한 군데 들어가서 책을 뒤적거리고 있으려니 누군가가 사인해 달라고 이탈리아판 『파도야 놀자 L'onda』를 내민다. '나를 어떻게 알지?' 알아보지 못할 이유도 없었다. 머무르는 동안 만토바에서 통틀어 동양인은 나 포함 딱 두 명 본 것 같다.

만토바 곳곳의 오래된 궁전들에서 작가 강연이나 대담, 워크숍 등이 열렸다. 골목을 돌 때마다 긴 줄이 있었다. 축제의 후원사 중 하나인 한 커피 회사는 거리에서 진한 커피 한 잔씩을 무상으로 제공하고 있었다. 나도 여느 만토바노들처럼 점심을 먹고 매번 그곳에 들러서 신선한 에스프레소를 한 잔씩 마셨다.

다양한 식당에서 쿠폰을 다 써 보고 싶었지만, 출판사 사람들과 함께 다니다 보니 주로 축제 참가자들과 자원봉사자들을 위한 야외 공동식당에 가서 식사하게 되었다. 식당의 운영 주체는 지역의 직업 학교로, 이 학교에서 호텔 업무나 서비스, 요리 등을 배우는 학생들이 축제의 참가자들을 대상으로 실습을 하는 셈이었다. 뷔페 식으로 간단한 만토바의 전형적인 음식들을 제공하고 학생들이 접대하는데, 감독하는 선생님들도 간간이 보였다. 좋은 아이디어 같았다. 음식도 소박하고 좋았다.

축제는 1997년에 시작되었는데, 나의 이탈리아 출판사 대표가 원년 위원회 여덟 명 중 하나였고, 여전히 그 여덟 명이 이 축제를 주관하고 있다고 했다. 그래서인지 대표와 함께 길을 걷고 있노라면 모두가 알은체를 해서 도저히 앞으로 나아가기가 어려웠다. 물론 덕분에 맛있는 주전부리를 많이 얻었다. 처음 시작은 아주 지역적인 작은 문학 축제였는데, 점점 커져서 이젠 이탈리아에서 가장 유명한 축제 중 하나가 되었고, 국제적으로도 많이 알려져 다양한 외국 작가들도 초청하게 되었단다. 보여 주기 식으로 규모만 키우고 밖에서 유명인들 모셔 오느라 애쓰지 않고, 원하는 사람들이 시작해서 원하는 사람들을 초대해 원하는 방식으로 즐길 수 있을 때, 그것이 정말 '축제'이지 않을까. 축제의 좋은 본보기가 될 것 같아서 열심히 궁금한 것을 묻고 들었다.

점심 먹으러 야외 식당에 오면 자원봉사자임을 알리는 푸른 티셔츠를 입은 젊은이들이 왁자지껄 즐겁게 앉아 있는 풍경을 볼 수 있었다. 이번에 자원봉사자의 수는 칠백 명에 육박했는데, 신청자가 너무 많아 그들을 먹고 재울 경비가 부족하여 일부 거절해야 했단다. 담당자에게 계속 물었다. "중고생들도 많아 보이던데, 학교에서 단체로 참가시키는 건 아니야?" 지극히 한국적인 발상의 질문이었던 것 같다. "아니. 모두 개별적으로 자원한 친구들이야. 이탈리아뿐 아니라 다른 유럽 국가에서도 오기도 하지. 이 친구들이 이 식당의 쓰레기도 치우고 워크숍 진행도 하고 통역도 하고 운전도 해." 실제로 내 워크숍에도 다섯 명의 십 대 친구들이 와서 도와주었다. 이 축제의 운영비 중 50퍼센트는 기업체 후원, 25퍼센트는 정부의 지방 자체 단체 지원 보조금, 나머지 25퍼센트는 행사 푯값으로 충당한다고 했다. 푯값은 대개 3에서 5유로 정도로 매우 쌌다.

매년 자원봉사자가 이 정도 규모라면, 그야말로 모두의 축제가 아니겠나. 특히 십 대 청소년들에게 이 경험이 얼마나 소중하겠는가. 어떤 것에 적극적으로 개입되어 있다는 느낌. 이렇게 다양한 작가들과 짝지어져 실제로 작가들과 만나고, 대화하고, 돕고, 행사에 참여하는 경험. 이런 경험 후에는 어쨌든 '문학'이 남의 일이라고 생각하지는 않을 것 같다. 점심을 먹으면서 자원봉사자들과 그들의 가족, 참가 작가들 모두가 섞여 즐기는 이 축제의 분위기를 구경하는 것이 좋았다. 내가 떠나던 날, 담당자가 아쉽게 말했다. "내일까지 네가 있으면 좋을 텐데. 내일이 축제의 마지막 밤인데, 그야말로 모두가 모여 파티를 하거든. 장관이야."

축제 기간 내내 나를 세심히 챙겨 준 출판사 친구가 있었다. 이 친구가 만토바에 관해서 많은 이야기를 해 주었다. 감히, 일 년 내내 습도 70퍼센트 이상인 싱가포르에서 살다 온 나에게, '만토바가 분지 형태에 인공 호수로 둘러싸여 얼마나 습한지 너는 상상도 못 할 거야.'라고 한다. 누가 더 습한 데서 사는지를 놓고 다투다가, 그나저나 너희는 이런 멋진 축제가 있어서 정말 좋겠다 했더니 그의 눈빛이 바뀌었다. "이 축제 동안은 모든 골목과 모든 식당이 북적거리지만, 나흘 동안의 축제가 끝나면 다시 너무나 조용한 유령의 도시가 되지. 글쎄. 만토바가 좋긴 하지만 난 활기찬 대도시로 갈 거야. 베를린 같은 곳으로 가고 말 테야. 이곳은 너무 좁아." 한다.

우리는 항상 우리가 가지지 못한 것을 그리워하는구나.

무지개 책

아이들에겐 한창 책 만드는 시기가 있다. 종이를 반으로 접어 묶으면 책이 된다는 엄청난 깨달음을 얻자마자 바로 작업에 착수한다. 산이가 다섯 살 때 만든 책이 있다. 양면 색종이를 한꺼번에 접어 묶은 것인데, 산이의 어설픈 소근육 탓인지 아니면 천재적인 감각 덕인지, 삐뚤빼뚤 색종이의 가장자리가 리듬 있게 드러나는 발랄한 책이 되었다.

산이의 책은 당시 한창 작업하고 있던 『이 작은 책을 펼쳐 봐』(제시 클라우스마이어 글·이수지 그림, 비룡소, 2013)의 작업에 도움이 되었다. 『이 작은 책을 펼쳐 봐』의 책 가운데를 펼치면 가장 큰 책부터 가장 작은 책까지의 여섯 권의 책, 네 귀퉁이가 차곡차곡 겹쳐 쌓여 색 띠를 이룬다. 어떤 색 계획으로 갈까, 띠에 질감을 줄까, 띠까지 그림을 연장할까 여러 고민이 많던 중이었다. 그런데 산이의 무지개 책이 길을 알려 주었다. 그저 색종이가 주는 에너지, 생생함을 그대로 담고, 쨍하게 떨어지는 색과 색의 경계를 드러내자. 말 그대로 무지개를 담고 싶어졌다.

산이의 책은 자연스럽게 부르노 무나리의 『읽을 수 없는 책 Libro illegqibile MN 1』으로 연결된다.

대예술가 무나리나 다섯 살 산이나 같은 마음과 같은 결과물을 낸다. 종이가 잘린 단면을 넘어 서로 우연히 조합되는 새로운 색의 세계에 즐거워한다. 색종이와 실, 재료와 형식에서 오는 순수한 놀이의 즐거움. 이 예술은 어린아이와 같구나. 책이라는 물성의 즐거운 종착지, 그림책.

엄마들은
어떻게 작업하는가 2

인생의 조언 따위는 필요 없는 것 아닐까? 이 어둡고 힘든 순간이 지나면 바로 다음에 동이 튼다 해도, 그 사실이 지금의 나를 딱히 위로하는 건 아니다. 지나고 나서 '그렇게 힘들 일이 아니었어.' 하는 진단도 세상 쓸데없는 것 아닐까? 결국 그 시간을 어렵게 살아 내어야만 비로소 알 수 있으므로. 그러므로 모든 위로의 지점은 그저, '나만 그런 게 아니었구나, 너도 그랬구나.'라는 공감이 아닐는지.

싱가포르에서의 그룹전 전시 설치를 하고 온 날이어서 매우 몸이 지친 어느 저녁이었다. 한국에서 나올 책 교정지를 검토해야 했고, 표지도 확정해야 했다. 미국 출판사에서 매일매일 수정된 원고가 도착해 마찬가지로 매일매일 내 편에서 답을 보내야 진행이 되었다. 그다음 주에 떠날 인도 뭄바이 콘퍼런스 발표를 위한 원고를 써야 했다. 할 일들이 줄 서 있고 머리 위에 무겁게 내려앉아 있었다.

아이들을 씻기고 책을 읽어 주는데, 산이가 그날따라 미로가 잔뜩 그려진, 복잡하고 영원히 계속될 듯한 그림책만 골라 오는 거다. 평소 같았으면 이런저런 이야기 나누며 재미있게 읽을 책이었으나 그날은 방전된 상태였던지라 대충 함께 보다가 자세한 건 네가 더 보라며 책을 넘겨주었다. 다행히 그러면 산이는 또 혼자 자세히 그림을 보아 준다. 이제 잘 시간이라고 하니 열도 세기 전에 산과 바다 둘 다 스르륵 잠이 들었다. 아이들이 잠들면 일어나 작업 책상으로 가곤 했지만, 그날은 너무 피곤해서 포기하고 아이들 옆에 누웠다.

부드러운 바다의 팔을 어루만지고, 뺨을 쓰다듬어 보면서
생각했다. 아이들은 잠도 잘 자 주고, 예쁜 짓을 매일 갱신하고,
아이들 곁에 있으면 그저, 아이들과의 시간만 존재하는 듯하다.
하지만 많은 일이 동시에 진행되고 있고, 내 마음은 늘 바쁘다.
늘 마음이 바쁜 것은 피곤하다. 그래서, 그렇게 바빠서, 그럼
그 일들을 제대로 해내고 있는가?' 하는 생각이 스멀스멀
올라온다. 잠은 다 잤군. '제대로'라니, 이런 단어는 떠올려서는
안 될 말인데 이런, 떠올리고 말았다.

무슨 일을 하시냐는 질문에 '그림책 작가'라고 하면 "집에서도 애들 보면서 일할 수 있어서 좋겠어요."라는 말이 되돌아오곤 했다. 뭐 틀린 말은 아닌데 들을 때마다 이상한 흥분 상태가 되곤 했다. 확실한 것은, 애들 보면서도 일할 수는 '없다'라는 것이다. 모든 일에는 고유한 리듬이 있는데, 그 리듬을 타려면 어찌 되었든 시간적으로, 그리고 공간적으로 유배가 되어야 하는 것이다. 게다가 대충 면피하는 정도의 수준이 아닌, 제대로 된 작업을 내고 싶다면 말이다.

그맘때는 매일 '온종일 달리고 싶다.'라는 생각을 했다. 한창 작업 중이던 『이 작은 책을 펼쳐 봐』는 글 작가, 편집자, 디자이너와 함께 책의 적절한 구조를 짜기 위해 많은 실험을 하는 중이었다. 최소한의 장치만 유지한 채 모든 가능성을 열어 두고 온갖 시도를 하던 중이어서 매일 아침, 전날 조율된 의견이 정리되어 미국에서 날아온 이메일을 열어 보는 게 즐거웠다.

"주인공들을 사람이 아니라 전형적인 이야기 속 동물들로 바꾸면 어때요? 그러면 책 속의 책 표지들도 재미있게 나올 것 같아요. 가장 작은 무당벌레가 가장 큰 책을 보고, 가장 큰 거인이 가장 작은 책의 주인이면 어때요? 그런데 거인의 손이 너무 커서 그 작디작은 책을 열지 못하는 거예요. 완전 재밌죠!"

새로운 조율 점에서 촉발된 생각들이 탄력받아 이미지로 쏟아지기 시작하는데 문득, "띠로링" 소리와 함께 '버스가 십 분 뒤에 도착 예정입니다.'라는 어린이집 문자가 뜬다. 갑자기 모든 생각이 끼익 급정거한다. 아아…… 이 생각을 또 밤으로 미뤄야 하는구나. 불과 몇 시간 떨어져 있었을 뿐인데 세상 반갑게 아이들이 뛰어온다. 점심을 차려 주는 중에도 아까 생각하던 '작디작은 책 위에 얹힌 너무 큰 거인의 파란 손톱'이 식탁 위에 어른거린다. 그러나 밥을 다 먹이고, 아이들의 '오늘의 모험' 이야기를 다 듣고 나면 완전히 엄마 모드로 전환되어 작업 생각은 이미 증발하여 있다.

정말 일을 할 생각이었다면, 아이들을 적어도 종일반에 보냈어야지. 열두 시 반이면 돌아오는 것으로 결정한 건 나다. 이건 또 '엄마'로서의 한 보따리 생각 끝에 내린 결정이었다. 딱히 하는 일 없이 빈둥거리거나 그저 친구네 놀러 가더라도, 엄마가 옆에 있는 오후 시간을 주고 싶었다.

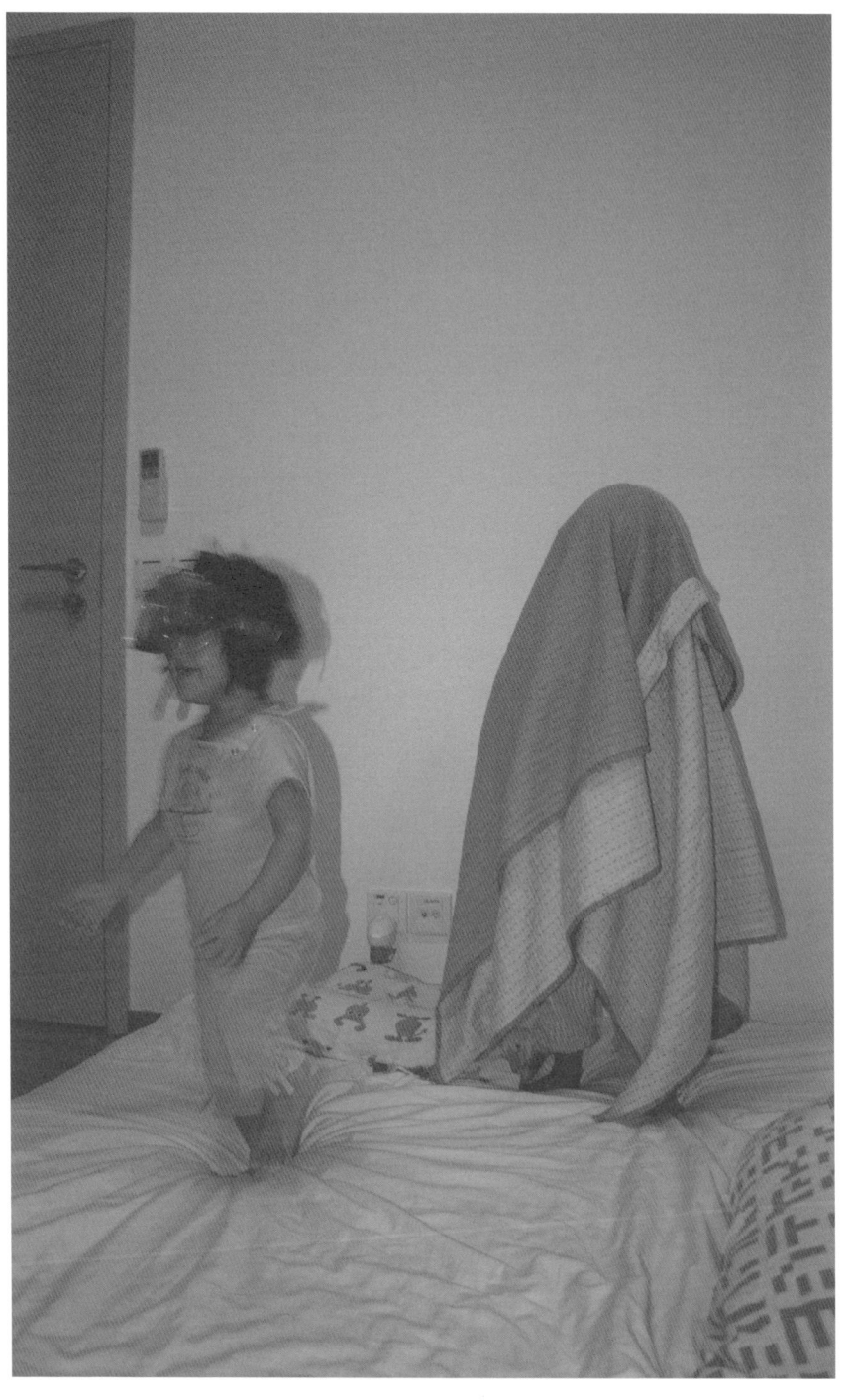

아이들과 부대끼면서 지내는 생활의 만족도는 실은 매우 컸다.
이 정신없는 놈들 덕분에 쓸데없는 존재론적 고민 지수는
확 내려가 있을 것이라 확신했다. 어제 무슨 일이 있었느냐는
듯이 매일 아침 최상의 상태로 돌아오는 아이들의 활력에
고무되었다. 아무리 눈물 쏙 나오게 혼을 내도 엄마가 좋다고
쭉쭉거리는 아이들은 나를 최상의 상태로 매일 아침 되돌려
놓았다. 아이들은 사랑 그 자체였다. 아이를 낳고 난 후, 일상도
작업도 모든 것의 효율을 극대화하는 방향으로 진행되었다.
성취감의 척도도 바뀌었다. 시간이 '이만큼' 밖에 없는데, '이마
안큼' 해내면 성취감이 느껴졌다. 그러나 그러다가도 문득 다시
질문으로 되돌아가곤 했다. 그런 상대적 성취감이 아니라,
절대적인 성취감의 면에선 어떤가? 과연 내가 원하는 만큼,
충분히, 제대로 해내고 있는가?

그 틈에 할 수 있는 딱 '그만큼'만 작업하고 있는 기분은
별로였다. 최선이 아닌 차선의 시간을 사는 느낌이랄까. 시간이
부족해서 좋은 면도 없지는 않았다. 아침에 작업을 달리다가
멈춰 일상을 보내고 밤에 다시 들여다보면 그날 작업의 오류가
보였다. 느릿느릿 작업하다 보니, 소 되새김질하듯 고치고 또
고치고…… 나같이 맹렬히 달려 해치워 버리는 작업 스타일에게
이 의도하지 않은 느림이 약이 되는 측면이 있었다. 그래서 누가
물어보면, "시간이 많다고 좋은 작업이 나오진 않아요."라고
멋있게 말하곤 했지만, 말하면서도 속으로는 '그래도 시간이
많으면 좋은 작업이 나올 수 있는 가능성이 더 크긴 하죠.'라고
웅얼거렸다. 지금 이 생각을 끝까지 밀어붙여 보고 싶고, 지금
막 드는 생각을 얼른 현실화시켜 보고 싶고, 기막힌 아이디어가
사라질까 두려웠으므로. 그러나 머리는 날고 있되 몸은 지상에
딱 붙어 있었다. 삼십 대 후반의 그때 나는, 그랬다.

남편도 직장에서 가장 집중해야 할 시간에 아이를 둘이나 낳는 바람에 많은 것을 수정해야 했을 것이다. 신기하게도 모든 것은 한꺼번에 들이닥쳐서 가장 왕성하게 일할 수 있고, 그래야 할 때 아기도 온다. 삶은 지속해서 선택에 직면하게 만든다. 단풍 물 든 숲속에 두 갈래 길이 나 있고, 몸이 하나니 두 길을 모두 가 볼 수는 없다.

그날 아침 두 길은 나란히
발자국 없이 깨끗한 낙엽 아래 놓여 있었다.
먼저 길은 다른 날 가 보리라 마음먹었지만
길은 길로 이어지는 것이라
다시 돌아올 일은 없었다.

And both that morning equally lay
In leaves no step had trodden black.
Oh, I kept the first for another day!
Yet knowing how way leads on to way,
I doubted if I should ever come back.
―로버트 프로스트, 「가지 않은 길」 중에서

'길은 길로 이어지는 것'이라는 대목을 읽을 때면 언제나 약간의 실망감과 동시에 포기에서 오는 어떤 역설적인 기쁨의 감정이 함께 온다. 어느 길로 가든 그 길의 생이 있고, 똑같이 내가 가지 않은 다른 길 위의 나를 상상해 보겠지. 인생은 그야말로 트레이드 오프.

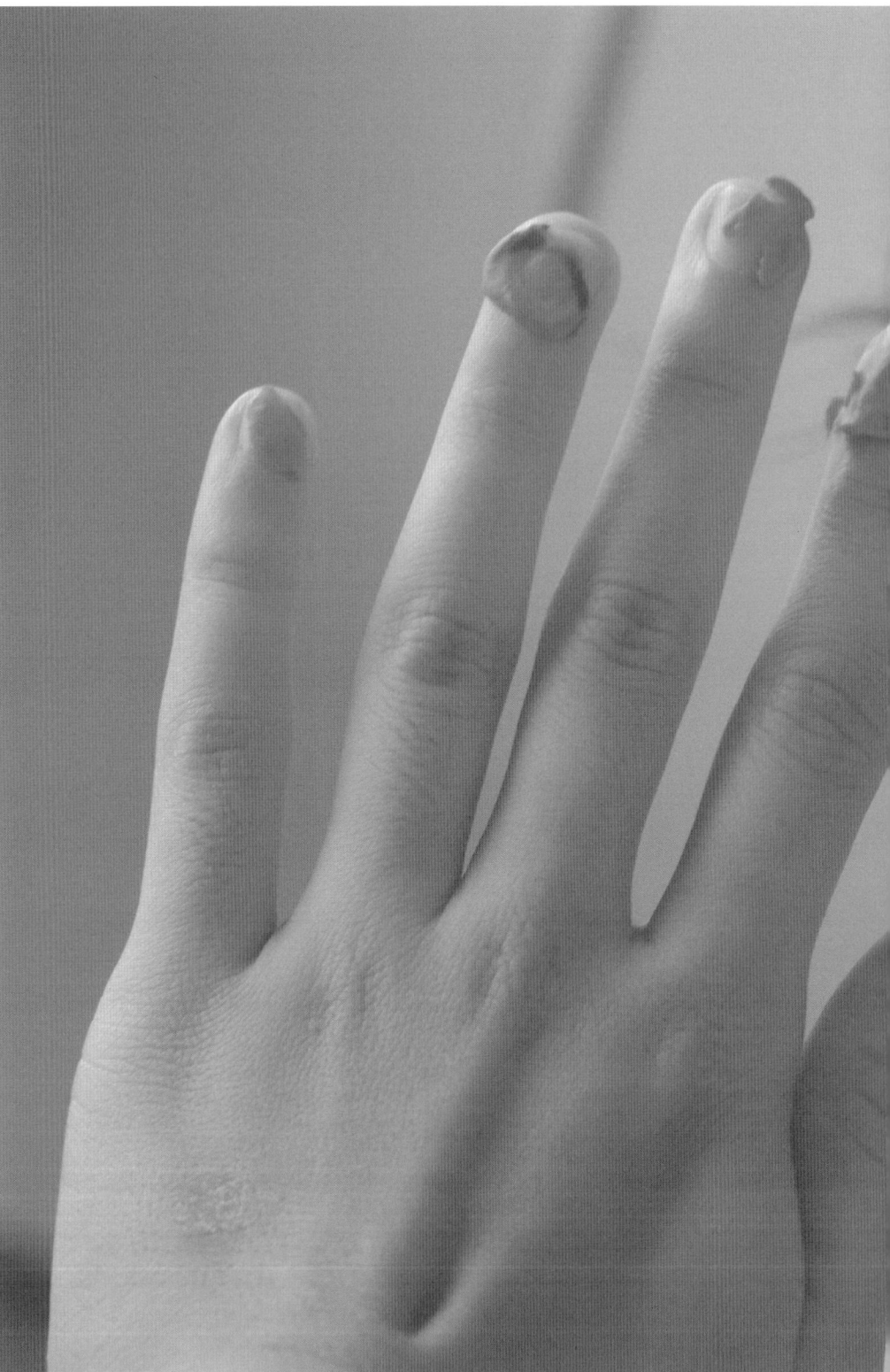

단순하고
큰 진실

산과 바다가 태어나고 아기 침대에 타나 호번의 『검정과 하양
Black & White』을 초점책 삼아 둘러놓으면서 생각했다. 눈 떠서
본 첫 책이 타나 호번이라니, 너희는 정말 행운이야. 타나 호번은
사진으로 가장 기본이 되는 그림책을 만든다. 숫자 책, 색깔 책,
모양 책, 크기에 관한 책 등 유아 책으로 분류되어 있지만, 내
눈에는 철학책 코너에 꽂혀 있어도 무방한 책들로 보인다.

가장 좋아하는 책 중 하나는 반대말 책이다. 제목도 근사하다.
『정확히 반대 Exactly the Opposite』 표지에는 아이 둘이 앉아
있다. 한 아이가 신발 끈을 묶는 중이고, 옆에 앉은 다른 아이의
신발은 끈이 어지럽게 풀려 있다. 한 아이의 신발은 나름
깨끗하고, 다른 아이의 신발은 낙서로 가득하고 끈도 얼룩져
있다. 신발의 낙서에서 타고 올라온 잉크로 물들었나 보다.
표지에서도 본문에서도 '반대말'이라는 설정만 있을 뿐, 반대말
단어는 제시되지 않고 사진만 대비된다. 독자들이 스스로 답을
내야 한다. 이 표지의 그림에서 제시되는 반대말은 무엇일까?
묶다와 풀다, 단정하다와 자유롭다, 언니와 동생 혹은 출발과
도착이 될 수도 있겠다. 반대말은 상대적이고 주관적이다. 같은
듯 다른 둘, 하나로 딱 떨어지지 않는 해석, 대화를 끌어내는
모호한 이미지가 담긴 매력적인 그림책이다.

생각해 보면 어린이 책이라는 장르 그 자체가 영감이다. 같은 주제를 다루는 책이라도 어린이에게 이야기하는 책이 더 강력하게 와 닿곤 했다. 『아빠, 나한테 물어봐』 책의 그림을 의뢰받았을 때 하겠다고 한 것은, 오래전 이 버나드 와버의 책 『용기 Courage』를 좋아했던 까닭이다. 그가 어린이에게 이 단어를 설명하는 방식이 좋았다. 그는 용기에도 여러 종류가 있다며, 처음으로 보조 바퀴 없이 자전거를 달려보는 것, 가끔은 그래야 할 때, "잘 가."라고 말할 수 있는 것도 용기라고 했다. 새싹이 차가운 눈을 뚫고 솟아오르는 것, 그것도 바로 용기인 것이다. 이 대목을 읽는 우리 마음은 가득 차고, 아이도 나도 이제 우리가 가진 용감함에 대해 함께 이야기 나눌 수 있게 된다.

어린이 책을 읽으면서 종종 삶의 비의(秘義)를 느끼곤 했다.
삶의 가장 기본적이고 당연한 것들을 어린이가 이해할 수
있도록 애써 보는 것. 그리고 그들을 웃게 만드는 것. "간단하게
설명할 수 없다면 충분히 이해하지 못한 것이다."라는
아인슈타인의 말까지 갈 것도 없다. 우리가 대충 알고
얼버무리면서 밀어 놓았던 것에 대해 근본적으로 다시
생각하게 만드는 것이 '어린이 책'이다.

"와, 드디어 내가 있는 것을 알아차렸구나. 나는 죽음이야."
볼프 에를부르흐의 『내가 함께 있을게』(김경연 옮김, 웅진주니어,
2007)의 죽음은 해골의 모습을 하고 있다. 그러나 살짝 아래로
기울어진 눈구멍 때문에 일견 순해 보인다. 아무것도 생에
남겨 놓지 않은 듯한 가녀린 죽음이 어딘가 닮은 앙상한 오리의
목을 꼭 안아 주고 배웅하는 장면을 보면 마음이 가라앉고
따뜻해진다. 김동수 작가는 『잘 가, 안녕』(보림, 2016)에서 그의
귀여운 그림 스타일을 3단 도약시켜 전혀 다른 곳에 착지해서는,
어린이의 마음으로 모두의 존엄한 죽음에 대해 생각하게
만든다. 머리는 서늘해지고 가슴은 뻐근해진다.
아이에게 주고 싶어서 만든 물건을 보고 다시 영감을 받는다.
때때로 문제들은 자리를 바꿔 보는 것만으로 상당 부분 해결될
때가 있다. 세상의 당연한 것들에 대해 "원래 그래."라고 하지
않고 다시 새롭게 말해 본다. 아이들은 늘 그렇다. 새로운 정보를
힘껏 받아들이고 그것을 연습한다.

바다가 '마찬가지'라는 말을 처음 배운 날의 이야기다.

"바다야, 거기 매달리면 위험해. 휙 넘어가면 다쳐."
"(기쁜 목소리로) 그럼 바다가 부딪혀서 아야! 하고 잉잉 울잖아!"
"그렇지."
"산이도 매달리면 안 돼 여기."
"그럼."
"아빠도 '마찬가지'야!"
"그렇지! 아빠도 마찬가지지."
"예랑이도! 하랑이도! 한결이도! 예랑이 엄마도! 우리는 다! 마찬가지야!"
하고 기쁘게 웃었다.


산이가 「목련」이라는 시를 쓴 적이 있다.

어떻게 이렇게 작은 껍질에서
어떻게 이런 큰 꽃이 나오지?

꽃잎이 따뜻하다.

세상을 경이와 감탄으로 바라보는 아이들과 나누고 싶은 마음, 아이에게 세상의 언어를 짓는 것이 얼마나 멋진지 알려 주고 싶은 마음, 커다란 꽃이 피는 순간을 보여 주고픈 마음, 아름답고 조용한 밤을 전해 주고 싶은 마음, 삶과 죽음에 관하여 이야기를 나누고 싶은 마음. 어린이를 향한 마음, 좀 더 단순하고 큰 진실에 아이와 함께 다가가고 싶은 마음, 이 모든 시도를 해 온 수많은 그림책 작가들을 생각한다.

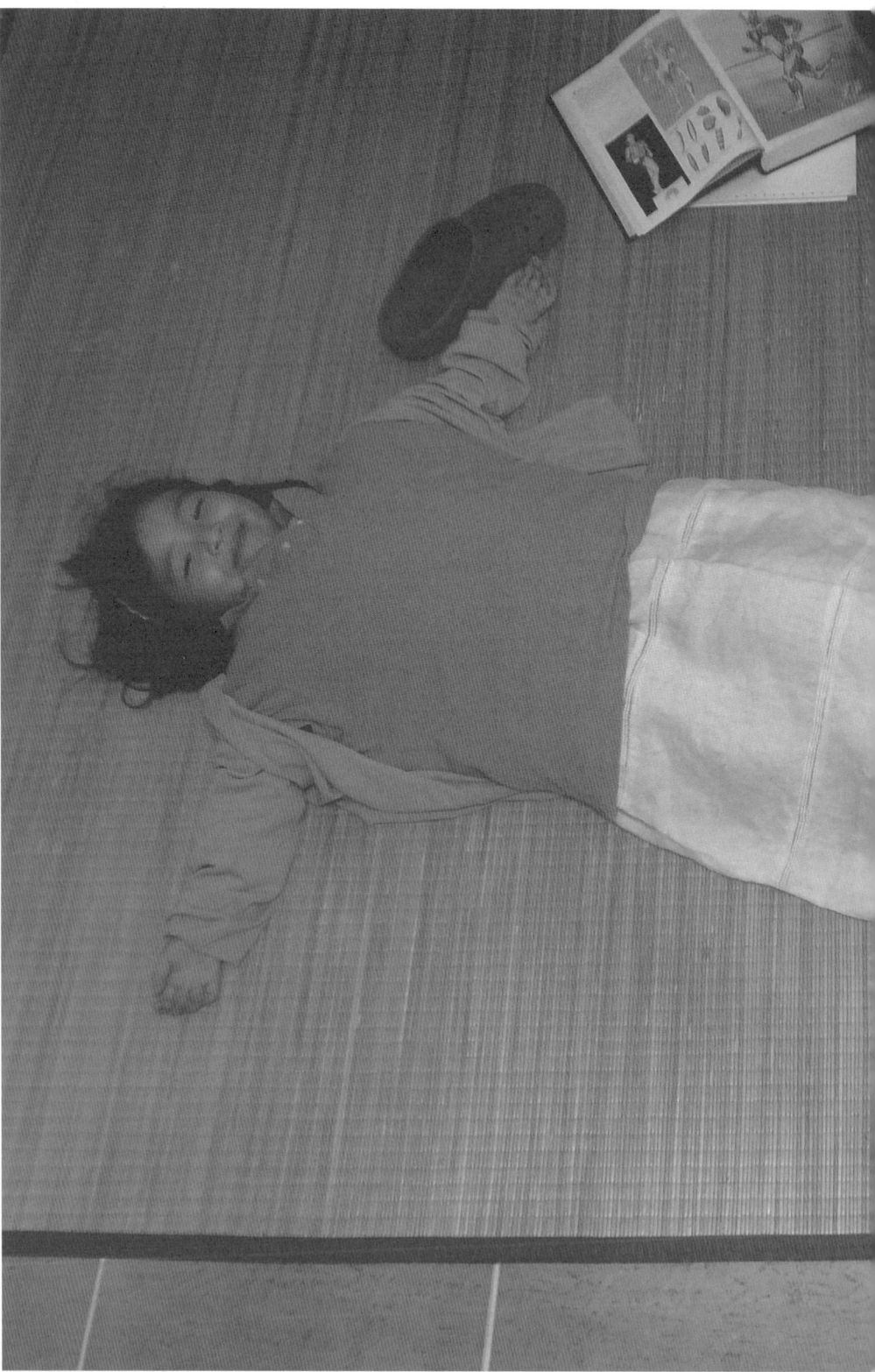

이야기는
너에게 있어

그림만 있는 그림책은 외국에서 여러 가지 이름으로 불린다. '글 없는 그림책Wordless Picture Book', '이미지-책Image-Book', '소리 없는 책Silent Book' 등이다. 우리가 보통 쓰는 '글 없는 그림책'이란 표현은, 응당 책이란 글이 있어야 하는데, '놀랍게도 그림만 있는' 책처럼 느껴진다. 이미지-책은 형식적 측면이 두드러진다. 이미지의 힘으로 밀고 가는 독특한 시각적 서사를 강조한다고나 할까. 그런데 소리 없는 책이라고 이름을 붙이면, 앞의 두 명명이 포함하지 않는 '수용자의 세계'가 드러난다. 아주 고요한 가운데 이야기 속으로, 자기 안으로 빠져들어 가는 어린 독자의 모습이 떠오른다.

글 없는 그림책은 함께 이야기를 나누며 읽는 책이기도 하지만 동시에 혼자 눈으로 읽는 책으로, 나누는 행위가 개입되지 않고 매우 개인적인 경험을 하는 책이기도 하다. 글이 있으면 작가의 이야기가 되지만, 글이 없으면 독자의 이야기가 된다. 글이 있으면 글을 따라가게 되지만, 글이 없으면 독자가 자기 목소리를 듣게 되는 것이다. 그러므로 나는 줄기차게 "이야기는 너에게 있어."라고 말해 왔던 것이다. 이미 이야기는 독자의 마음속에 있고, 그림책은 그저 그것을 꺼낼 수 있도록 열어 주는 열쇠라고 생각했다.

어느 강연 자리에서 이런 이야기를 했더니 강연 후 작은 독자가 다가와서 말해 줬다.

"작가님, 그럼 '글 없는 그림책'이란 말 대신, '이야기가 나에게 있는 그림책'이라고 쓰면 어때요?"

아, 나의 독자는 정말 대단하다. 이야기는 독자에게 있는 것이므로, 독자가 스스로 생각한 것, 스스로 가져가는 것만 독자의 것이 된다. 이런 종류의 책은 매우 적극적인 독자를 필요로 한다. 내 책들을 어렵게 느끼는 독자들은 아마도 이 부분이 문제였을지도 모른다. 그러나 생각해 보면 내가 사랑한 책들의 작가들도 전혀 친절하지 않았다. 나에게 아무것도 주지 않거나, 주더라도 쉽게 전해 주지 않았다. 그들은 나를 미궁에 빠뜨리고 나를 생각하게 했다. 반대로, 내가 좋아하지 않는 책들은 작가가 이야기를 강요하는 책들이었다. 자기가 주고픈 이야기를 독자가 못 알아들을까 봐 쥐여 주고 또 쥐여 주는 책들.

이리 와 봐요.. 여기 좋은 게 있어. 그래 놓고 나는 슬쩍 가 버린다.
책도 그렇게 만들고, 엄마 노릇도 그렇게 하려고 노력하는 것
같다. 아이들에게 완성품 형태의 장난감보다는 어떻게라도
변형할 수 있거나 새롭게 만들 수 있는 장난감을 주고자
했다. (물론 최고의 장난감은 물과 불과 흙이지만 그것만으로
버텼다가는 아이들과 의가 상하지 싶다.) 이미 다 마련되어
있는 장난감은 금방 버려진다. 장난감도 책도 농담도 사람도
미지의 영역이 감지될 때 더 매력적이다. 답 없는 농담, 금방 안
드러나는 사람, 앞으론 무뚝뚝해도 뒤로 자꾸 챙겨 주는, 겉은
바삭하고 속은 촉촉한, 입에 욕을 달고 살아도 눈물이 많은
사람에 자석처럼 끌려간다.

그러므로 내 책에는 여백이 많다. 정말 중요한 것은 말로 할 수
없으니 비워 두는 것이다. 실제의 책에도 빈 곳이 많고, 어린
독자들은 그 여백에 자기 이야기를 써서 보내 주곤 했다. 생각해
보니 나는 그림도 그렇게 그린다 싶다. 최소한의 선만 그어
순간의 표정과 동작을 잡을 뿐. 독자의 나머지 시선이 보이지
않는 선을 이어 완성하기를 기대하면서 그리나 보다. 그림책은
사유의 공간이 넉넉한 물건이다. 전달은 최소로 하지만 독자의
마음을 이끌고 와서 함께 완성한다. 드로잉 선의 끝자락도,
이야기의 끝자락도, 보이지 않지만 거기에 다 있다.

아이들은
빗방울처럼

가끔 아이들을 초등학교 정문까지 바래다주곤 했다. "잘 다녀올게!" 하며 교문 너머로 들어서는 산과 바다의 뒷모습을 보면 매번, 정말 한 번도 안 빼놓고 매번, 콧등이 시큰해진다. 등에 멘 가방보다도 작아 보이던 녀석들이 성큼 커 있다. 뛴다. 아이들이 뛴다. 아이들은 언제나 빗방울처럼 뛰어간다. 뒤통수밖에 안 보이지만 웃고 있는 얼굴이 다 보인다.

운동장 어디선가 아이들의 친구들이 다가와서 서로 자석처럼 붙는다. 교실로 들어가다 말고 철봉이 있는 모래밭에 책가방을 냉큼 던지네. 학교에 들어서는 순간 저 아이들만의 세계가 열리겠지. 엄마가 사라지는 세계.

나도 얼른 콧등 한 번 찡긋하고 나의 세계로 돌아간다. 아이들이 저 교문으로 나오기까지만 열리는,

나의 세계로.

워밍 업

데워지는 데 정…… 말 오래 걸린다.

작업실에 들어서서 보일러 올리고, 화초에 물 주고, 싱크대에 쌓인 컵들 닦으려다가 에잇, 이거 할 때는 아니지, 하고 창고 방에 들어가 뭘 찾아보려 했는지 잊어버린 채, 바닥에 던져 놓은 종이 뭉치 둘둘 말고, 마는 김에 밖에 있던 전지 둘둘 말고, 말아서 한쪽에 치워 두고, 마침 책 주문이 들어와 사인하고, 포장하려 상자를 찾아와서, 상자에 넣으려다가 아무렇게나 쌓여 있는 상자를 크기 별로 정리하고, 책 몇 권 남았나 점검하다가, 책값 계산하다가. '아 참, 그림 파일 보내 달라는 게 있었지.' 하면서 상자를 열어 그림을 찾아 스캔하고, 머리를 이리저리 굴려 보다가 답이 안 나와서, 보온병을 열어 커피 내려온 것 마시다가, 스피커를 켜고, 플레이 리스트를 걸고 듣다가, 문득 음악-연주-무대 그림책 생각이 나서 『피터와 늑대』(로리오트 글·요르크 밀러 그림, 박민수 옮김, 비룡소, 2007) 그림책을 찾는데 안 보여서 또 책장을 한참 뒤지다가, 하필 손에 집힌 폴 콕스 책을 넋 놓고 들여다보다가, 다시 음악을 찾아 듣다가, 계속 재생해서 같은 구간을 듣다가, 박자에 맞춰 발을 까딱거리다가, 분리배출을 할 게 너무 쌓여서 저걸 정리할까 하다가 에잇 그거 할 때는 아니지 하고 다시 앉았다가, (여기까지 쓰다 보니 성인 ADHD가 아닐까 하는 생각이 든다.) 다시 음악을 듣다가, 갑자기 『우리는 벌거숭이 화가』(문승연 글·이수지 그림, 길벗어린이, 2005)가 생각나서, 내가 왜 이 생각을 못 했지, 종이 콜라주 색종이다! 색종이를 찾아다니다가 겨우 찾아와서, 흔들흔들 춤을 추다가 가위로 이리저리 오려 내고 그 위에 크레용을 쓱쓱 긋다 보니, 아 재밌네.

이제 막 몸이 생각에서 깨어나 손가락 끝으로 그림이 내려와서 이제는 그릴 수 있겠다 하는데 아이에게 전화가 와서 응 엄마 조금만 있다가 떠날게 대답하다가 아 반찬을 뭘 해 주지 하고 생각하느라 잠시 흐트러졌던 생각을 모아서……

기본적으로 워밍 업은 두 시간은 해 줘야 겨우 하나 그리나 보다. 헛되다고 하지 말자. 손과 머리와 마음을 데우는 시간 동안 흘러내린 생각을 모두 모으면 강물이 되리. 그래도 나에겐 내일이 있으니……

……그러니, 이제 저녁밥을 하러 가리…….

무거운 것은
가볍게

　　　삼일운동이 일어난 해에 태어나신 우리 할머니가 빙그레 나를 보고 웃으신다. 가족이 모이면 늘 실없는 농담으로 만나서 헤어질 때까지 계속 웃곤 했는데 그 시작은 늘 할머니셨다.

　　　바다가 인형을 들고 와서 꿰매 달라고 했다. 뒷부분이 터져서 솜이 빠져나오려고 한다. 꿰매 주려고 바느질 도구를 들고 와 인형 엉덩이에 바늘을 꽂았다. 옆에서 지켜보시던 할머니가 작은 목소리로,

　　　　　"아…… 따가워."
　　　옆에서 듣고 있던 바다가 킥킥 웃는다.

결혼 이야기가 오가는 사촌 이야기를 하다가 가족 중 누군가가 물었다.

"부모님은 뭐 하신대?"
그랬더니 할머니가 말씀하셨다.
"지금 집에 계시겠지."
다들 크게 웃었다. 그리고 다음 이야기로 넘어갔다.

점심 차려 먹고 다들 앉아 과일을 깎아 먹고 있었다. 산과 바다가 할머니 옆에 딱 붙어 앉아 있으니 4대가 모인 셈이었다. 엄마의 형제자매와 그 자식들 그리고 그 자식들이 낳은 아이들……. 북적북적한 가운데 할머니가 흐뭇한 미소를 지으시더니,

"내가 많이 퍼뜨렸구나…… 나 참 잘했네……."

대학 때였던가. 사촌들과 만나 처음으로 술도 한잔 하고 불콰해진 얼굴로 한창 떠들고 있었다. 문득 돌아보니 할머니가 내 얼굴을 지그시 들여다보고 계셨다.

> "옛날 수지 얼굴이 아니네. 지식이 꽉 들어찼어. 저걸 이제 잘 펴야지……."

할머니의 유머 감각은 예상하기 어려웠다. 할머니가 넘어지셔서 급히 수술한 적이 있다. 놀라 병원으로 달려가 보니 막 마취에서 깨어나신 참이었다. 어렵게 눈을 뜨시며 하신 첫마디,

> "아, 이놈의 인기는…… 다치니까 참 좋네. 이렇게 얼굴들 다 보고."

유머는 무거운 것을 가볍게 만들고, 가벼운 것의 의미를 찾아 주며, 무엇보다 그냥 우리를 폭 안아 줘서 무방비 상태로 만든다.

어렸을 적, 정릉 할머니 댁에 가면 일본 잡지를 꺼내 보여 주시곤 했는데 어느 한 페이지에서 본 눈망울 고운 아이 그림에 마음을 빼앗겼다. 나중에 『창가의 토토』(구로야나기 테츠코 글·이와사키 치히로 그림, 권남희 옮김, 김영사, 2019)를 보고 그 화가의 이름을 알게 되었다. 아이들의 작고 좁은 어깨, 동그랗고 커다란 머리, 불안정하면서도 묘한 균형의 자세, 약간 안짱다리로 선 강단 있는 다리……. 아이를 낳고 나서, 아들 산이 때는 몰랐고, 딸 바다가 앉는 품새를 보며, 치히로가 그린 게 이거구나 했던 기억이 난다. 할머니는 당신이 좋아하는 그림들을 모아 두었다가 보여 주시곤 했다. 할머니는 꽃도 그리고 작은 돌에 얼굴도 그리고 뭔가를 그려 늘 내게 보여 주셨다.

할머니께 그림책을 읽어 드렸다. 『우로마』(차오원쉬엔 글·이수지 그림, 신순항 옮김, 책 읽는 곰, 2020)의 꽃 천에 마음을 뺏기신 것 같다.

"우로마가 뭐야? '울 엄마'야?"
"'우로'라는 이름을 가진 아이가 '우로마'라는 이름의 마로 만든 캔버스 위에 그림을 그리는 이야기예요."
"그렇구나. '우로마'가 뭐야? '울 엄마'야?"

여러 번 같은 대화를 반복하다가, 꼭 안아 드렸다. 빙그레 웃으시며 품에 꼭 책을 안으셨다.

"고마⋯⋯ 워."

며칠 전, 백네 살 할머니가 다른 할머니들과 함께 색연필로 꽃을 칠하는 모습을 찍은 사진을 전해 받았다. 작지만 할머니 그림이 보인다. 다른 할머니들은 꽃 전체를 빽빽하게 메우고 계시는데, 우리 할머니는⋯⋯.

꽃의 중심부는 짙게, 그리고 꽃잎 끝으로 갈수록 아주 조금씩, 점점 연해지게 그리고 계셨다. 그 그림을 보고 눈물이 났다. 아아, 우리 할머니지. 비록 매일 우리를 잊어버리지만, 기억하시는 거다. 꽃을 그리는 방법을. 늘 돌보던, 늘 그리던 그 꽃잎 색의 감각을.

무거운 것을 가볍게 만드는 법, 그리고 아름다운 것을 좋아하는 법. 나의 할머니가 내게 주신 선물이다.

너의 이름

제 이름은 늘 당대의 '수지'들과 경쟁해야 했지요. 최수지, 강수지, 배수지……. 이때까지는 미모로만 승부하면 되었는데, 최근에는 코미디언 이수지와 진검승부…… 중입니다. 제 이름은 할머니가 지으셨다고 해요. 이 아이는 나중에 커서 외국에 나갈 수도 있으니 영어 이름이 있는 '수지'라고 짓자고 하셨다고 합니다. 신여성이었던 할머니가 앞날을 보셨던 걸까요. 덕분인지 제가 외국에서 꽤 오랫동안 지냈답니다. 반면에 외국에서 사람들이 제 이름을 물어보면 반대로 'S'가 아닌 'ㅅ'으로 발음하는 제 이름을 가르쳐 주었지요. "Say 수지." 게다가 한자를 풀어 '빼어나게 슬기롭다 秀智'를 알려 주면 모두 눈이 동그래지곤 했어요.

아이들이 어렸을 때 우리 가족은 짧게나마 자연 속에서 살 수 있는 운이 따랐죠. 저도 남편도 일하러는 서울로 나가야 했고, 특히 남편의 정기적인 출퇴근이 멀고 힘들었긴 하지만요. 새벽같이 일어나 귀여운 헬멧을 쓰고 작은 스쿠터를 타고 전철역으로 출근하던 남편의 뒷모습이 생각납니다. 아이들은 사랑스럽고 그저 다음 날은 무엇을 하고 놀까만 궁리하던 시절이었고, 아이들이 다닌 시골 학교도 작은 학교답게 활기찼어요. 비가 오면 비랑 놀고 눈이 오면 눈과 노는 모습을 보면서, 자연스럽게 그 기분이 그때 주어진 그림책 프로젝트에 반영되었던 것 같습니다.

아이들의 이름은 '산'과 '바다' 입니다. 친구가 그랬어요. 산과 바다를 낳고 키우다니 너 스케일 한번 크다고. 그렇지! 라고 우쭐거렸지만, '우주'와 '별'을 키우는 분도 계시길래 다시 겸손해지기로 했습니다. 살면서 커다란 문제에 봉착했을 때 내가 처음에 가졌던 마음으로 돌아가려 애쓰는 것이 문제 풀기의 첫 단추인 경우가 많아요. 끝없는 바다의 수평선을 마주하면 한순간 숙연해지는 것처럼, 자연은 그 커다람으로 나를 처음으로 돌아가게 하는 힘이 있죠. 산과 바다라는 큰 이름을 가지면 우선 이름 때문에라도 작은 것에 연연하지 않으려 애쓰게 되지 않을까요. 너른 마음으로 먼 곳을 바라보는 눈을 하고 살아가기를 바랍니다.

'이름대로 산다.'라는 말이 있지만, 이름은 본인이 원하여 짓는 것이 아니므로 그렇다면 좀 억울할 것 같기는 해요. 그래도 늘 듣는 말이니, 내가 어떤 의미를 부여하는지가 중요하겠지요. 아이들이 다행히 본인들의 이름을 좋아했고, 지금도 그래요. 보통은 특이한 이름 때문에 놀림을 당하기도 하는데, 다행히 초등학교 때 아이 친구들의 상상력도 어마어마하지는 않았던 것 같아요. 산이는 '백두산', 바다는 '바다거북' 정도의 별명이었던 것으로 기억합니다. 산과 바다는 특별히 본인들 이름의 뜻을 생각하지는 않는 것 같아요. 마치 제가 '수지'는 '빼어나게 슬기로우므로' 좋아하는 것이 아니듯이요. 아이들에게 물어봤어요. 산이는 외자여서 단순한 점, 글자 생긴 모양새가 좋다고 하고요, (OMR카드 표시하기 편해서라는 이유도) 바다는 이름을 발음할 때 '아~', 하는 느낌이 좋아서 이름이 마음에 든다고 합니다. 친구들이 한 번에 기억해서 좋다기도 하고요. 아이들이 이름을 좋아하는 이유는 다 제각각이네요.

강이는 이름에서 풍기는 의젓함 따위는 없는, 그냥 천방지축 장난꾸러기 개였어요. 제 책『강이』(비룡소, 2018)는 우리 가족의 이야기가 바탕이 되었어요. 실제로 친구가 동네에서 학대받던 개를 구조했고, 워낙 큰 개라 임시 보호 중 저에게 전화해서 다짜고짜 "너희 집에 마당이 있지?" 했지요. 워낙 개를 좋아하지만 십수 년 키우다가 사랑하는 개를 떠나보낸 기억이 있었던 저는 다시 개를 키우는 일이 망설여졌어요. 하지만 그 통화를 옆에서 다 들은 산과 바다는 이미 좋아서 깡충깡충 뛰고 있었고, 어쩌면 이 또한 좋은 인연이다 싶어서 데려오기로 했어요. 친구가 돌보는 동안 많이 회복하긴 했어도 그간 잘 못 먹어서 덩치가 유난히 작고 겁 많은 이 녀석을 만나게 되었죠. 차를 타고 한참을 달려오는 동안 제 무릎 위에서 달달 떨고 있던 따뜻한 몸을 기억해요. 학교에 다녀온 아이들과 드디어 마당에서 만났지요. 그다음은 그림책 그대로예요. 아이들은 스스로 소개했고, 이름을 지어 주었지요.

"나는 산이야. 나는 바다야. 그러니까 너는 강이야."

윗집 촌장님 댁 진돗개들 이름이 '천둥'과 '번개'였어요. 이름 따라가는 것이 아니라고 하고 싶지만, 이 아이들을 생각하니 절로 고개가 끄덕거려지네요. 천둥과 번개는 정말 목청 좋고 호전적이고 빠른 진돗개들이었지요. 한번은 번개가 길을 내려가다 갑자기 우리 마당으로 들어와 번개같이 강이에게 달려든 적도 있었답니다. 강원도 사시는 아이들의 할머니 할아버지 댁에는 아침마다 고양이들이 밥을 먹으러 모여들었는데요, 할아버지는 투덜거리시면서도 사료 떨어지지 않도록 잘 챙겨 주십니다. 유난히 오래도록 머무르고 두 분께 알은체를 하는 고양이 한 마리가 '구름'이라는 이름을 얻었어요. 할머니의 작명의 변은 '파란 하늘에 흰 구름 드문드문 있듯 하얀 바탕에 검은 구름이 드문드문 있어서'라네요. 천둥과 번개, 구름까지 나왔으니, 산과 바다 다음에 '강'이 등장하는 것은 놀라운 일이 아니었겠지요?

잘 먹지 못한 기억에서 오는 지나친 식탐을 제외하곤, 강이는 명랑하고 산책을 사랑하고 언제든지 놀 준비가 되어 있는 개였어요. 자기보다 키가 큰 강이를 바다는 언제나 살짝 무서워했지만, 아이들은 늘 밖에서 강이와 놀았어요. 책 속의 훌라후프 장면은 제가 좋아하는 장면이에요. 서커스에서처럼 강이가 불타는 링을 뛰어넘는 것까지는 아니어도 훌라후프 안을 그저 지나가 주기라도 아이들은 간절히 바랐지만, 강이는 발랄하게 다른 곳으로 가 버렸지요. 마당에서 그러고 있는 셋을 바라보고 있는데 웃음이 절로 나면서, 어쩌면 저게 진정한 자유일지도 몰라, 하고 싶지 않은 일을 하지 않는 것이 진정한 자유겠지…… 하고 생각했던 기억이 나요. 강이는 절대로 자세를 오래 유지해 주지 않았지만, 저와 바다는 열심히 강이에게 머리띠를 해 주고 꽃목걸이를 걸어 주었어요. 산이는 놀다가 문득 멈춰 서서 강이의 눈을 한참 들여다보곤 했지요.

게으른 가족 탓에 마당은 늘 토끼풀투성이였는데, 덕분에 그
푹신한 토끼풀 카펫에서 뒹구는 강이는 좋았을 거예요. 그리고
눈…… 겨울의 한가운데, 소복한 눈밭의 풍경은 잊을 수 없는
장면이에요.

세상에 눈이 오면 무조건 뛰는 한 글자 생명체가 둘이 있죠.
'애'와 '개'. 밖이 환해서 내다보면 어김없이 눈이 내리고 있고,
그 안을 거침없이 활보하는 까만 점 강이의 모습은 자유
그 자체였죠. 아이들과 함께 눈을 맞고, 눈을 먹고, 눈 위를
달렸어요. 그리 넓지 않은 마당은 야트막한 산과 이어져
있었는데, 그 산의 가파른 산책길은 눈썰매 타기 딱 좋은
경사였지요. 아이들이 눈썰매를 타고 빠르게 내려가면 강이도
썰매만큼 빨리 뛰었는데, 한번은 아이들 아빠가 강이를 번쩍
안아 태우고 내려갔어요. 그때 강이의 표정은 뭐라 표현할 수
없었죠.

강이가 떠나고 빈 마당이 커졌습니다. 그때의 마음을 종이에
옮겨 두고 싶었고, 생생한 그대로의 감정을 잡아 두고 싶었어요.
작업은 금방 진행되었습니다만, 아이들은 책을 보는 것을
힘들어했어요. 지금도 여전히 그렇고요. 산이는 완성된 책을 딱
한 번 보고 덮어 두었어요. 바다는 아직도 책을 보고 울어요.
엄마의 그림책 중 가장 읽기 싫지만, 가장 소중하고 좋아하는
책이라고 하면서요. 여전히 강이라는 이름을 떠올리는
순간이면 마음 한쪽을 무엇이 덜컥 찌르는 느낌이 들어서 길게
이야기하기는 어려울 것 같아요.

『강이』의 원제는 '눈밭의 검은 개'였어요. 흰 눈 위의 검은 점이 강이를 생각할 때 가장 강렬하게 떠오르는 이미지였기에 제목도 그렇게 나왔던 것 같아요. 물론 주인공에게 이름을 잘 주지 않는 버릇이 드러난 제목이었지요. 『파도야 놀자』, 『거울속으로』(비룡소, 2009), 『그림자놀이』 그리고 최근작 『여름이 온다』(비룡소, 2021)까지, 제 책의 주인공들은 거의 이름이 없어요. 그가 누구인지가 중요하고 그의 전사가 중요하다기보다는, 이야기가 펼쳐지는 순간과 주인공의 행위가 더 중요하기 때문이죠. 제 책의 주인공들은 어린이라는 존재를 응축한 어떤 정수로서의 보편적인 누군가이곤 해요. 그렇지만 강이는 이야기 속에서 '이름'을 붙여 줌으로써 구체적인 의미를 획득하는 과정 자체가 중요했으므로, 편집자님이 『강이』를 책 제목으로 제안했을 때 받아들일 수 있었어요.

누군가의 이름을 짓는 것은 아주 놀라운 일이에요. 이름을 짓고 부름으로써 그 존재와 나 사이에 구체적인 접점이 마련되고 이제 서로 더는 떨어질 수 없게 되는 하나의 사건이 되는 것이죠. 그 접점은 한 번 생겨나면 양쪽에 흔적으로 남아요.

출처: 《Mellow dog volume 6 멜로우 매거진》 펫앤스토리, 2023

최고의
악당

오랜만에 만난 친구가 커피 한 잔을 앞에 두고 말했다. 이제 아이도 얼추 컸고, 그림을 그리고 싶다고 했다. 그래서 생계를 위해 해 오던 일도 얼마 전 정리했다고 했다. 그런데 마지막 말은 이렇게 끝났다. "그런데…… 그래도 되는 걸까?"

레오 리오니의 그림책 『프레드릭』(최순희 옮김, 시공주니어, 1999)에서 프레드릭은 다른 들쥐들이 끊임없이 겨울 식량을 준비할 동안, 햇살을 모으고, 색깔을 모으고, 이야기를 모은다. 긴 겨울의 끝, 양식도 떨어지고 모두 지쳐 있을 때 프레드릭이 드디어 나선다. 그리고 모아 두었던 이야기로 모두의 마음을 채운다.
사회 속에서 예술가라는 존재를 설명하기에 『프레드릭』만 한 그림책도 없다. 우화는 단순하지만 그래서 메시지는 강력하다. 그런데 나는 항상 프레드릭보다 나머지 쥐들에 대해 생각하곤 했다. 그들은 끊임없이 유용(有用)한 일을 하는데, 평소의 무용(無用)한 프레드릭에 대해 특별한 의견을 달지 않는다. 프레드릭은 자신의 행운을 알까?

프레드릭은 본인이 시인임을 스스로 알고 있는 자존감 넘치는 쥐인 데다 본인이 그렇게 지내도 된다는 것에 대해 일말의 의심도 하지 않는 당당한 쥐이다. 역사상 대부분의 당당한 예술가는 남성들이었다. 세상의 시선으로부터 자유롭고 괴짜로 사는 것이 허용되거나 심지어 칭송받는 그들의 남다른 능력과 무용한 작업은 뒤에서 밥해 주고 빨래해 주고 아이들 건사해 주는 여성들이 있었기에 가능했다. 그들은 그들의 행운을 알았을까? 어찌 보면 그들은 그들 자신만 생각하면 되었다. 그런데 그 뒤에서 밥해 주고 빨래해 주고 아이들 건사해 가족을 유지해 주던 바로 그 여성들이 무용한 프레드릭이 되려면, 좀 더 많은 뻔뻔함과 용기와 결단이 필요하곤 하다.

예술은 무용하다. 물론 『프레드릭』 그림책의 메시지 중 하나는 쓸모없는 예술의 쓸모지만, 그것은 드러난 결과이지 프레드릭 자신이 예술의 유용함을 계획해 적극적으로 행사한 것이 아니다. 예술가는 알 수 없다. 그의 무용한 행위가 그저 끝까지 무용할 것인지 아니면 '혹시' 유용할 것인지, 무용함이 그 무용함으로 인해 유용해지는 과정을 적어도 예술가 본인은 알 수 없다. 예술은 무용하기에 이기적인 마음 없이 실행할 수 없다. 무용한 일을 하고 싶었던 여자들은 유용한 일을 버리거나, 아니면 무모하게도 둘 다 잘하겠다는 불가능한 작전에 도전한다. 아무리 세상이 변했다 해도 여전히 예술가가 되려면 결단을 내려야 하는 시점이 온다. 결단을 내리지 못하면, 시간과 일상에 밀려 마음에 커다란 돌덩이를 얹고 끝없이 부유하며, 내 마음을 알아줄 만한 친구 하나, 커피 한 잔 놓고 넋두리로 푸는 수밖에 없다.

리처드 링클레이터의 영화 「어디 갔어, 버나뎃Where'd You Go, Bernadette」(2019)에는 이웃과 매일 싸우고, 엄마로서 혹은 아내로서 계속 어긋나며 좌충우돌 사고 치고 다니는 버나뎃이 나온다. 그녀는 한때 유망한 건축가였던 자신의 실패에 대해 오랜만에 만난 옛 동료에게 쏟아 낸다. 그녀의 넋두리를 끝까지 다 듣고 난 동료는 이렇게 말한다.

"요점을 흐리지 마. 너 같은 사람은 창작을 해야 해. 그게 세상이 너를 여기 보낸 이유야. 네가 그걸 안 하면 넌 사회에 위협적인 존재가 돼. 너의 이 모든 문제의 해결책은 단 하나야. 닥치고 가서 작업해. 뭔가 만들라고!"

나도 가끔 생각하곤 했다. 이 들끓는 에너지를 풀 곳이
없었다면, 나도 그 어떤 마블의 영웅도 대적할 수 없는 악당
중의 악당이 되어 있을 거라고. (어쩌면 그 악당들은 다른 평행
우주에서 밥 짓고 빨래하다 온 안 풀린 예술가일 수도 있겠다는
생각이 든다.) 미술의 좋은 점은 언제든지 시작할 수 있다는
것이다. 늦고 빠른 것은 없다. 그러나 혹시 일찍 시작했다면,
만드는 것을 놓지 말고 계속하라고 말하고 싶다. 계속하는
사람이 계속할 수 있다. 결혼과 육아 혹은 예상치 못하게
닥칠 기타 여러 상황에서 마치 놓아야 할 때처럼 느껴질 때
프레드릭이 되기를 바란다. 놓았다가 다시 돌아오려면 포기해야
할 것이 많고, 이기적인 나로 나아가기 어렵다. 이기적인 나에게
가랑비 젖듯 익숙해지기를 바란다. 나의 무용함과 예술의
무용함을 깊숙이 받아들이기를 바란다. 그게 잘 안 되면,
적어도 사회에 위협적인 존재가 되지 않기 위해 애쓰고 있다고
생각하자. 당신의 무용함은 당신에게 유용하며, 세상에도
유용하다.

내 친구에게는 이렇게 말하고 싶다. 여태껏 못 누린 무용함을
누리렴. 그래도 되냐고? 그럼 그럼. 그 무용함이 우리를
어디까지 데려가나 한번 보자꾸나. 쓸모는 나중에 생각하자고.

# 3

만질 수 있는

생
각

전지전능한
손가락

대학 때 동아리 공연 몇 편에서 배우로, 악사로, 무대 배경 연출로 참가했는데, 그 경험이 내 작업에 영향을 미쳤을지도 모르겠다. '요정 2'로 출연해서 연기에 재능이 없다는 것은 확인했지만, 대형 강의실, 학생회관, 문화관 무대에서의 노래극 그리고 대학로 마로니에 공원에서 길놀이 등을 해 보면서 무대 안과 밖을 가르는 경계에 대해 몸으로 생각해 볼 기회가 있었다. 보이지 않는 경계의 안쪽은 작가가 마음껏 노는 허구의 공간이다. 최선을 다해 현실인 척하다가 짐짓 허구임을 드러내는 극 형식이 좋았다.

『이상한 나라의 앨리스』 촬영 당시 벽난로 선반에는 내 손을 인쇄한 이미지를 소품처럼 세워 두었다. 런던의 학교 공용 스캐너로 손을 이리저리 스캔 받으며 다음 학생이 '그만 좀 하지?' 하는 표정으로 째려볼 때까지 놀았다. 앨리스 책 곳곳에 내 손이 그림자로, 혹은 실물로 등장한다. 손가락 그림자는 토끼 유령에게 앨리스가 도망가는 방향을 고자질하고, 그다음에 등장하는 손가락은 책장을 넘긴다. 그 손가락은 작가의 것이기도 하고 독자의 것이기도 하다. 그 누구의 것이든, 그 손가락들이 책장을 넘기지 않으면 이야기가 진행되지 않는다.

『그림자는 내 친구』(박정선 글·이수지 그림, 길벗어린이, 2008)는 과학 그림책이지만 특별히 논픽션이라고 생각하며 작업하지는 않았던 것 같다. 글은 그림자의 원리를 열심히 가르쳐 주고, 그림은 열심히 그림자를 가지고 논다. 그런데 어쩌면 가장 논픽션적으로 만든 이미지라고 할 수도 있겠다. 책 속의 그림자는 모두 주인공과 사물을 그린 종이를 오려서 뙤약볕 아래에 놓고 사진을 찍어서 만든 '진짜' 그림자이므로.

"나만 그림자가 있는 건 아니야.
오빠도 축구공도 의자도 모두 모두 그림자가 있지."

세상에 나만 그림자가 있는 게 아니라니, 참 멋지다. 픽션과 논픽션의 경계를 흐리는 책은 즐겁다. 어쨌거나 본문에는 없지만 나는 '구름'에도 그림자가 있다는 걸 꼭 보여 주고 싶었다. 형체도 없으면서 그림자로 존재감을 드러내는 구름, 클립에 종이 구름을 붙여 손으로 잡은 채로 사진을 찍은 후 포토샵으로 손은 지울 생각이었다. 그런데 막상 사진을 보니 구름보다 내 손이 더 흥미로워 보여서 그냥 손을 넣어 버렸다. 난데없이 실제 손이 등장하면 일관성이 없다고 편집자가 의견을 냈다.
"그 말씀도 맞지만, 실은 책에 등장하는 모든 것과 그림자도 모두 실물인지라, 사실 매우 일관성이 있답니다." 내가 버티자 결국 편집자는 손을 들었다.

실물 논쟁에 바빠서 미처 논의되지 않은 것은 저 손 그림자가 시작되는 부분이다. 그림자는 책이 접히는 가운데 부분에서 갑자기 뚝 잘린 채 등장한다.『거울속으로』를 잇는『파도야 놀자』를 막 냈을 때라, 아마도 당시 내 관심사였던 '경계'의 주제가 저기에도 슬쩍 끼어 들어간 것이다. 꽤 이상한 이미지인데, 아무도 지적하지 않았다는 것이 재미있다.

여러 면에서 이『그림자는 내 친구』장면은 흥미롭다. 자, 이건 모두 내가 만든 거야. 이 구역의 X는 나야. 전지전능한 작가의 손을 생각하면 언제나 웃음이 난다. 이렇게 '작가'를 슬쩍 끼워 넣는 시도는 여러 책에 등장한다.『이상한 나라의 앨리스』에는 작가의 손가락뿐 아니라 수많은 이수지가 등장한다. 표지의 손가락부터 관객, 무대 아래 오케스트라의 지휘자 그리고 막이 내린 뒤 무대의 간판을 철거하는 스태프, 청소기를 들고 마지막에 등장해 무대의 환상을 남김없이 사라지게 하는 데우스 엑스 마키나, 그리고 마지막 무대 인사에 박수를 보내는 토끼의 몸도 작가 자신이다.『여름이 온다』의 마지막, 구름을 뚫고 먼 여행에서 우산이 돌아오고 막이 내리면 연주자들과 아이들이 무대에서 인사를 한다. 그때 관람석에 끝까지 남은 한 사람은 작가다.『이상한 나라의 앨리스』에서 박수 치던 같은 관객이기도 하다. 내가 그린 싱어송라이터 루시드폴의 10집 『목소리와 기타』바이닐 앨범 속 그림에도 손이 등장한다. 이 전능한 손은 구겨지고 죽어 가는 종이 알바트로스를 집으로 보내 준다.

이쯤 되면 잠시 뒤를 돌아봐야 할 것 같지 않은가? 이 책을 보고 있는 당신의 뒤에도 이수지가 서 있을지 모를 일이다.

반드시
이 색연필

대학교 졸업 무렵, 친구가 "같이 할래?" 하고 받아 온 일이 교과서에 그림을 그리는 일이었다. 어렵지 않아 보였다. 얼마 받는 게 잘 받는 건지 알 수 없었지만, 그림값도 나쁘지 않아 보였다. 하자! 그야말로 '삽화'였으므로, 별 무리 없이 그려갔다. 스케치 확인을 받고 나서, 채색을 해야 한단다. 친구가 제안했다. "색연필 어때?", "응, 그래 아무거나 좋아."

아무 생각 없던 둘은 채색 재료를 색연필로 정하고 얼마 지나지 않아 깨달았다. 정말 어리석은 선택이었어. 그런데 재료를 바꾸기에는 이미 많이 가 버렸다. 손가락이 부러지는 줄 알았다. 교과서 여러 개를 맡았기에 그림이 어마어마하게 많았는데, 그걸 색연필로 다 칠하겠다는 생각을 했다니 어이가 없다. 정말 토할 정도로 칠했다. 내 다시는 색연필을 쓰지 않으리.

버나드 와버 작가의 원고에 그림을 그려 달라는 제안을 받았다. 나중에 한국어판 제목은 『아빠, 나한테 물어봐』가 되었지만, 원제는 간결하게 『나에게 물어봐 Ask Me』였다. 무척 마음을 끄는 제목이었다. 그리고 읽어 보자마자 바로 매료되었다. 버나드 와버 작가는 내가 원고 제안을 받고 난 이듬해 세상을 떠나셨다. 그래서 이후, 작가의 따님이 진행하셨다.

아빠, 내가 좋아하는 게 뭔지 한번 물어봐.

넌 뭘 좋아하니?

나는 개를 좋아해.
고양이도 좋아하고,
거북이도 좋아해.

이어지는 글에서 계속 아이는 자기가 좋아하는 게 뭔지 물어보라고 한다. 원고는 사건 사고 없이 아빠와 딸의 대화로만 이어진다. 내 마음에 이 원고가 쏙 들어온 것은 아이의 질문 방식이었다. 우리 아이들이 어렸을 때 했던 말과 꼭 같았다. "엄마, 내가 뭘 좋아하게?", "엄마, 내가 뭘 먹고 싶나 물어봐!", 그냥 좋아하는 것, 자기가 먹고 싶은 것을 말하면 될 것을, 꼭 물어보라고 한다. 물어봐 주기를 진심으로 바라는 것이다. 웃음을 꾹 참고 물어보면 바로 대답한다. "난 아이스크림을 좋아해!" 책 속의 아이도 그렇다. 마지막에 결국 다음 주에 있을 자기 생일을 이야기하기 위해 멀리도 돌아간다. 원고가 마음에 꼭 들었으니 하겠다고 했다. '자, 그럼 이 이야기를 어떻게 그릴까?' 궁리를 시작해 본다.

버나드 와버 작가의 따님이, 본인이 어릴 때 아버지와 나누던 대화라고 전해 주셨다. 등장인물은 정해졌다. 그런데 이 대화 속의 두 사람은 어디에 있을까? 어디를 배경으로, 어떤 상황에서 이런 대화를 할까? 이 이야기에는 무수히 많은 단어가 나온다. 아이가 좋아하는 모든 것이 나온다. 그것을 그대로 그린다면, 그저 아이가 좋아한다는 '개', '거북이', '아이스크림'을 어떻게 표현할지만 고민하게 될 것 같았다. 그보다는 아이와 아빠의 대화 풍경을 그리고 싶었다. 원고에 이런 대목이 있었다.

내가 뭘 좋아하는지 또 물어봐, 아빠.
네가 좋아하는 게 또 뭐가 있을까?
나는 빨간색이 좋아. 빨간색인 건 뭐든 다 좋아.


빨간색! 이 단어를 보니 문득 붉게 물든 단풍 숲이 떠올랐다. 그리고 아이들을 데리고 다녀왔던 가을 설악산 백담사로 향하던 붉은 단풍 길이 생각났다. 그 길에서 아이들은 수북이 쌓인 빨간 낙엽 더미를 발로 펑, 펑 차며 걸었다. 날리는 작은 빨강 조각들에 깔깔대며 웃었다. 가을, 가을의 공원으로 해야겠다. 그리고 그 공원의 산책에 아이가 좋아하는 것들이 곳곳에 등장하면 좋겠다. 아이들은 방금 본 것이 조금이라도 마음에 들면 무한한 애정을 표현하곤 하니까. 그리고 함께 걸을 때 가장 편안한 상태에서 조잘조잘 마음속의 모든 것을 꺼내곤 하니까.

스케치가 술술 풀렸다. 단풍…… 그런데 단풍을 잘 못 그리면
촌스러운데. 수많은 이발소 그림의 배경은 형형색색의 단풍
숲이곤 하다. 다양한 재료로 시도해 보았으나 아무래도
물감으로는 원하는 느낌이 나오지 않았다. 단풍은 다양한 색의
잎사귀들이 아름다운 풍경을 이루지만 서로 스며들지 않는다.
수많은 점을 찍어 점묘를 해야 할까. 피해 가려 했으나……
결국, 색연필 통을 열었다. 색연필 하나는 단 한 가지 색만 낸다.
각자의 빛을 내지만 따로 또 같이 어우러진다. 몇 장 그려 보니
괜찮았다. 힘주어 그으면 깊고, 쓱 지나가면 가벼운 공기가
생겼다. 이렇게 색연필이 종이를 긁지 않고 부드럽게 묻었으면
좋겠는데.

내가 늘 쓰던 색연필의 상표는 카리스마Karisma였다. 종이에
녹듯이 발려지는 질감이 좋았고, 선으로 순식간에 공간을
메우는 쾌감이 있었다. 그런데 이미 많이 쓰는 색들은 대부분
몽당연필이 되어 있었다. (그 교과서 탓이다.) 이참에 새로
장만하려고 인터넷을 찾아보는데, 아뿔싸, 해외 사이트까지
뒤져 보았으나 단종되었다. 안 돼! 반드시 이 색연필이어야
한단 말이다. 겨우 발견한 것은, 누군가가 엄청난 가격을 매겨
경매 사이트에 올려 둔, 그나마도 반쯤 사용한 카리스마
세트였을 뿐이다. 그 매물 밑 댓글란에 같은 처지의 카리스마
팬들이 모여 한탄하고 있었다. "그 어떤 제품도 크림처럼
부드러운 카리스마를 따라잡지 못해. 대안은 없어!". "재생산을
촉구한다!" 전 세계의 카리스마 사용자들이여, 단결하라!

단결은 무슨…… 슬픈 마음으로 화방에 가서 최대한 비슷한 느낌의 색연필을 찾아 헤맸다. 무엇을 사용해 봐도 역시 만족스럽지 않다. 없다고 생각하니 더 절실해진다. 그러나 아쉬운 대로 작업을 끝냈고 이 작업 덕에 색연필 트라우마는 어느 정도 극복되어 있었다. 날카로운 첫 키스의 기억. 아아, 카리스마 너는 어디에.

놀이의
기쁨

책꽂이 한쪽에 1980년 출간된 차성진 만화가의 『은반 위의 요정』(소년소녀사, 1980)이 보인다. 주인공은 집 근처의 얼어붙은 호수에서 스케이트를 타며 실력을 키운다. 주인공은 그의 재능을 알아본 유명 코치에게 영입되고, 승승장구하여 본의 아니게 순박한 남자친구도 차 버리고 국제 대회에서 입상하며 부와 명예를 거머쥐게 된다. 아아…… 그러나 운명의 장난은 야속하여 큰 사고로 눈을 다친다. 좌절의 늪을 허덕이던 주인공은 고향의 옛 호수에서 감각을 되찾으며 헌신적인 옛 남자친구의 품에서 다시 시작하지만…….

여러 만화책 가운데 이 책이 책장에서 살아남은 이유는 눈물 없이 볼 수 없는 스토리 때문이라기보다는 아마, 주인공의 아름답고 인상적인 스케이팅의 동작들 때문이었던 것 같다. 다양한 각도로 잡아 낸 고난도의 동작들, 얼음 위에서 튕겨 나갈 듯 긴장한 몸의 선, 강단 있는 주인공의 자세가 인상적이었다. 주인공이 피겨 스케이트 선수의 꿈을 꾸는 장소인 얼어붙은 겨울 호수도 아름답게 묘사되어 있다. 저 위에서 꿈꾸듯 미끄러져 가는 기분은 어떤 것일까. 얼음 호수는 몰라도, 얼음 논두렁은 내가 좀 아는데…….

어릴 적 살던 집 앞의 가장 큰 논은 겨울이 되면 물을 채워 얼린 스케이트장으로 변모했다. 겨울이면 나는 그 스케이트장에서 아주 살았다. 얼음이 덜 언 곳과 여기저기 고르지 않은 옹이를 잘도 피해 가며 속도를 낸다. 얼음이 푸르스름해지며 주변이 어둑해지고, 스케이트장 주인아저씨가 제발 집에 가라고 사정하면 그제야 마지못해 얼음판 밖으로 나왔다. 논둔덕에 앉아 스케이트화를 벗으면, 종일 갇혀서 꽁꽁 얼었던 발가락들이 스르르 풀리면서 욱신거렸다. 마침내 얼음판이 비워지면, 아저씨는 기다란 호스를 내와 얼음판에 고루 물을 뿌렸다. 물살이 퍼지고 맑게 얼어 올라가는 얼음 겹들을 보며 내일은 내가 제일 먼저 와서 첫 선을 그으리라 다짐하곤 했다.

그 바람은 몇 번인가 이루어졌다. 스케이트장에 첫 번째로 도착하여 두근거리는 마음으로 얼른 신발 끈을 묶고 얼음 위에 올라섰다. 깨끗하고 차가운 빙판이 온통 내 차지이다. 나만의 세상에서 잠시 혼자 도취해 빙글빙글 돌고 있노라면 아이들이 하나둘 도착했다. 동네 친구들도 있었고, 처음 보는 아이들도 많았다. 처음엔 삼삼오오 놀다가 어느새 다 함께 놀게 되는데, 놀이의 정점은 언제나 '다방구'였다. 술래는 잡으러 다니고, 술래에게 잡힌 아이들은 손을 잡고 늘어서 있다가 누군가 술래를 피해 줄을 끊어 주면 다시 살아나는 놀이이다. 그날 거기 온 거의 모두가 다 같이 놀았으므로, 술래에게 잡혀 온 아이들의 줄은 무척 길어지곤 했다. 한번은 내가 살아남은 마지막 아이가 되었던 적이 있었다. 탈출을 꿈꾸는 모두의 기대를 한몸에 받으며, 주체하지 못할 정도의 속도로 돌진해 손을 뻗어 그 긴 줄을 끊던 순간, 경쾌한 탁! 소리가 아직도 귓가에 울린다. 아이들이 와~ 함성을 지르며 얼음판 가장자리로 흩어지던 장관도 기억 속에 선명하다. 아이들 사이에서 잠시 영웅으로 등극하던 짧은 순간, 잊을 수 없는 장면이다.

우리 아이들은 여름만 있는 나라에서 태어났다. 그래서 겨울에
한국에 잠시 들어오면 반드시 아이들과 눈 구경을 하러
가거나 스케이트장에 갔다. 아이들 따라 나도 오랜만에 얼음
위에 올라가 보았다. 기우뚱, 처음에는 불안했지만 한 발 한
발 조심스레 내디디고 미끄러지면서 금방 오래전 그 느낌을
찾았다. 몸이 기억하는구나, 하는 순간 소름이 돋았다. 귓가에
들리는 친구들 웃음소리, 차가운 얼음 위에 쏟아지는 따뜻한
햇볕, 속도를 내면 느껴지는 바람, 등줄기를 흐르는 땀, 더운데
춥고, 추운데 더운 몸. 그리고 난로의 온기, 땀 냄새, 발냄새……. 
모든 것이 잡탕으로 섞인 비닐하우스 쉼터, 실컷 놀다 들어와
먹던 어묵탕의 맛…… 같은 것들. 놀이는 몸에 새겨져 있다.

스케이트의 날은 손을 벨 듯 날카롭고 차갑다. 인간은 어찌 이런
금속 조각 위에 올라타 얼음을 지칠 생각을 한 것인지. 얼음
위에서는 평소와 다른 움직임이 나오고, 평소와 다른 속도가
마음을 자유롭게 한다. 스케이트화 앞부분의 톱니가 얼음을
긁는 사각, 소리가 문득 연필이 종이를 가르는 소리 같다는
생각이 들었다. 스케이트 날은 연필이구나. 그렇다면 얼음판은
종이인 건가? 그 감각에서 『선』(비룡소, 2017)이 시작되었다.
하얀 종이 위에서 아이들이 신나게 달리고, 넘어지고, 다시
달리는 상상을 했다. 아이들의 놀이는 우연처럼 맺고 풀어진다.
선들이 이어지고 지워지고 겹치면서 만드는 거대한 그림은 모두
즐거운 우연의 산물이다. 이것을 애써서 이름 붙여야 할까? 그냥
놀이, 놀이의 기쁨, 그 순간만 있을 뿐이다.

물이 되고,
노래가 되고,
책이 되는 꿈

"혼자 글, 그림 모두 다 하는 작업과 다른 작가의 글에
그림을 그리는 작업은 어떻게 다른가요?"

혼자 하는 작업은 내 세계 안에서 지어지고 무너진다. 익혀 온 생각을 익숙한 세계에서 천천히 만지며 작업한다. 반면 다른 작가의 글에 그림을 그리는 일은 나의 좁은 세계로 떨어진 공을 순발력 있게 쳐 내는 것과 비슷하다. 좋은 원고는 내가 친 공이 날아간 거리만큼 내 세계를 확장한다. 하물며 다른 장르와의 만남이라면 두근거리지 않을 수 없다.

그런 기회가 왔다. 루시드폴의 노래 「물이 되는 꿈」 가사로 그림책을 만들어 보자는 제안을 받았다. 음악과 그림책, 늘 관심 있던 주제다. 게다가 좋아하는 노래다. 두근거리기도 했지만 걱정도 되었다. 하나의 노래는 이미 완결된 세계인데, 방해하거나 흡수하지 않고 두 세계가 오롯이 서서 같이 갈 수 있을까. 그의 꿈에 나의 꿈을 그저 덧대서는 안 될 텐데……. 다행히 「물이 되는 꿈」의 가사는 성긴 그물처럼 느껴졌다. 그물눈으로 드나드는 바람처럼 잘 놀면 되려나. 에라, 모르겠다. '그림책'이니까 어떠한 시도든 가능하다고 생각해 보자. 루시드폴이 내게 노래를 '던진' 거라고 생각하자. 가볍게 받아 허공에 띄워 보자.

물, 물이 되는 꿈. 물이 되는 꿈. 물이 되는 꿈.
꽃, 꽃이 되는 꿈. 씨가 되는 꿈. 풀이 되는 꿈.
강, 강이 되는 꿈. 빛이 되는 꿈. 소금이 되는 꿈.
바다, 바다가 되는 꿈. 파도가 되는 꿈. 물이 되는 꿈.
—루시드폴 「물이 되는 꿈」 가사 중

물은 어디로든 흐르고 이어지며, 무엇이든 될 수 있고, 한 바퀴 돌아 제자리로 온다. 물은 순환된다. 이 노랫말도 그렇다. 책의 형식은 금방 결정되었다.

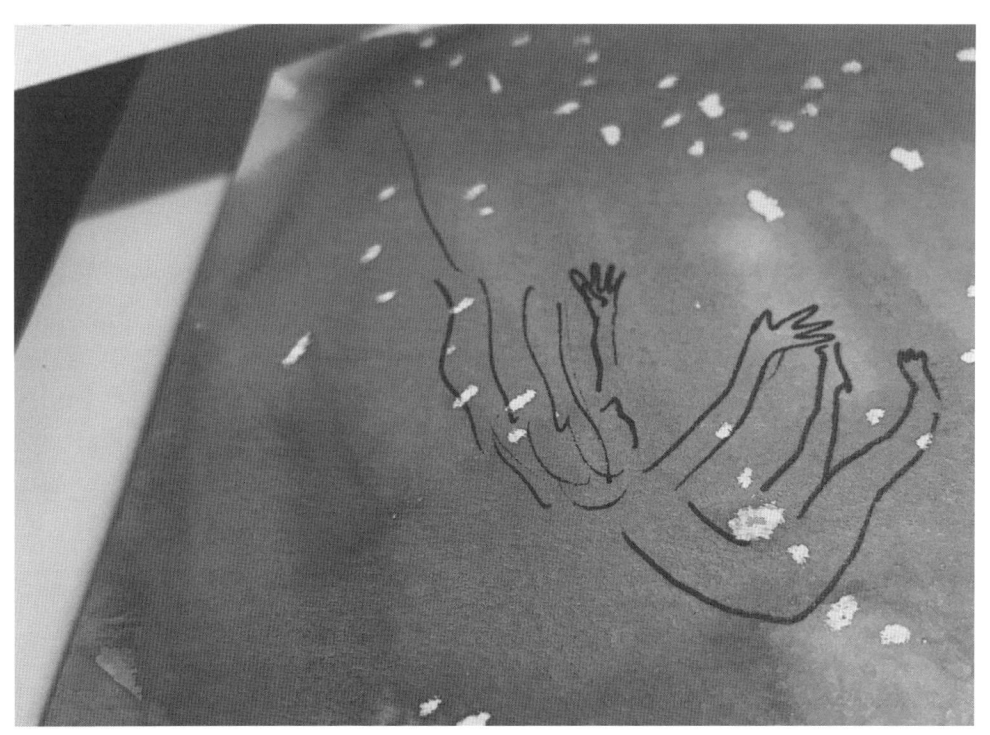

그림책 작업을 할 때는 보통 무슨 이야기를 어떻게 그릴지 결정한 후, 가장 마지막에 책의 물리적인 형식(책의 모양, 제본 방식, 종이 등)을 선택하게 마련이다. 그런데 나는 「물이 되는 꿈」을 담을 수 있는 그릇의 모양부터 생각하고 있다. 내가 하는 작업은 종종 이렇게 거꾸로 시작된다. 『거울속으로』, 『파도야 놀자』, 『그림자놀이』, 즉 내가 '경계 3부작'이라 이름 붙인 세 권은 책의 판형과 책장이 '펼쳐지는' 방향이 처음부터 중요했다. 『이 작은 책을 펼쳐 봐』도 실제로 '책 속의 책'을 만들어 넣는 형식을 구현하기로 애초에 편집부와 합의하고 그에 맞춰 그림을 그렸다. 책의 형식이 내용의 일부라는 생각에서다. 독자가 책을 뽑아 들고 그 무게와 감촉을 느끼는 순간부터 책은 이야기를 시작한다.

종이책은 '만질 수 있는 형태의 생각'이다. 종이책의 촉감과 책을 넘기는 행위는 '책을 보고 있는 나'를 인식하게 한다. 책에는 처음과 끝이 있다. 경계가 느껴지지 않는 전자책과 달리 물리적인 종이책은 그 경계가 분명하다. '코덱스codex'(옛날 서양에서 책을 만든 방식 중 하나로, 나무나 얇은 금속판을 끈이나 금속으로 묶어 제본하였다.) 형식의 책은 펼친 두 페이지마다 끊어지고, 다 넘기면 끝나 버린다. 반면 일반적으로 병풍식 제본이라고도 부르는 '아코디언 폴드accordion fold' 형태의 책은 모든 페이지가 한 방향으로 접혀 이어진다. 책을 펼치고 펼쳐 끝에 다다르면, 뒤편에서 다시 시작하여 맨 처음으로 돌아간다는 느낌을 줄 수 있다. 일반적인 책처럼 두 페이지씩 펼쳐지는 글과 그림의 호흡으로 흘러가되, 어느 순간 모든 페이지가 물처럼 서로 이어지는 놀라움으로 독자를 이끌 수 있다. 출판사와 병풍식 제본이 가능할지 합의하는 것이 먼저였다. 책은 묘한 물건이다. 가장 관습적이면서도 관습의 범위 내에서 다양한 실험이 가능하다. 모든 책은 작가와 출판사의 서로 다른 이상의 타협점을 물성으로 재현한다. 친숙하면서도 새롭고, 낭만적이면서도 수지타산이 맞아야 한다.

목표를 좁혀, 이번 프로젝트에서 내가 꼭 보고 싶은
'물건'으로서의 책을 눈앞에 그려 본다.

  ―길게 펼쳐지고, 뒤로 넘어가 한 바퀴, 모두 이어지고,
  물처럼 부드럽게 낭창거리는 책이었으면 좋겠다.

  ―책의 재킷이 피부처럼 서사를 한번 감싸고 보호하되,
  옷처럼 벗어 버리고 이야기가 저 혼자 설 수 있도록
  분리되면 좋겠다.

  ―두 페이지씩 겹쳐 잡을 때 손에 부담스럽지 않고, 펼쳐
  세웠을 때 흔들리지 않을 정도의 너무 얇지도 두껍지도
  않은 종이였으면 좋겠다.

  ―너무 비싼 종이를 고집하여 독자가 지갑을 열지 못할
  정도의 책 가격이 나오지는 않았으면 좋겠다.

무엇이 나오기도 전에 형식의 정합성을 먼저 생각하는 버릇,
어쩔 수 없다. 내 안에서 아귀가 맞아야 시작할 수 있으니.
출판사 관계자들 앞에 그간 구상한 더미를 주르륵 펼쳐 보였다.
최소한의 소스를 제공하고 최대한의 상상력을 강요하는 시연이
끝나자 병풍식 제본으로 가자는 뜻이 모였다.

눈을 감고 「물이 되는 꿈」을 듣고 있노라면, 물이 졸졸 흐르다가
점점이 부서져 번지고, 번지다가 문득 뭉쳐져 묵직한 색의
면이 되는 이미지가 떠올랐다. 노래가 불러내는 이미지들은
큼지막하게 나뉘어 떠다니다가 갑자기 자석처럼 서로 붙었다.
파랑 속을 헤엄치는 아이. 아이가 어떻게 그 속으로 들어설까.
처음에는 아이가 상상으로 들어서는 통로가 단순했다.
목욕하러 들어간 아이가 물에 푹 몸을 담갔다 다시 수면 위로
올라와 눈을 뜨면 낯선 곳에 와 있다. 아이가 머리에 꽃을 이고
올라와 먼 여행을 떠난다. 욕조, 수영장, 못, 계곡……. 물이 고인
곳은 상상이 숨 쉬는 아이들의 내밀한 통로이다. 다양한 물의
모습, 물과 아이가 만나는 방식을 상상하며 스케치해 갔다.

그런데 물속에서 유영하는 아이, 가벼워진 아이의 몸을
상상하다가 문득 그런 생각이 들었다. 물속에서 더 자유로운
이가 있을 텐데. 땅 위에선 도리 없이 무거워도 물속에선
한없이 가볍고 유연한 몸. 찾아보니 서울 강동구 고덕동에
수중재활센터가 있었다. 담당자를 만나 견학 허락을 구했다.
그리고 그다음 주, 어린이반 수업이 시작하기 전에 먼저
들어가서 기다렸다. 아이들이 하나둘 보호자의 도움을 받으며
들어왔다. 한 시간 넘게 아이들을 지켜본 내 마음속에 피어난
것은, '역시 아이들은 물을 좋아하는구나…….' 하는 생각이었다.
아이들은 물과 장난치며 기뻐했다. 물속에서 내내 함박웃음을
지었다. 장난을 치다가도 선생님의 지시가 떨어지면 진지해졌다.
아이들의 속도는 제각각이었다. 물 밖으로 간신히 고개를 빼
호흡하면서 느릿느릿하게나마 단 한 번도 쉬지 않고 25미터를
완주한 아이를 유심히 보았다. 선생님이 동작을 교정해 주면
주의 깊게 듣고, 다시 팔을 저으며 천천히 전진했다. 끝날 것
같지 않던 여정이 겨우 끝나면 미련도 없이 곧바로 반대편으로
출발했다.

부드러운 미소를 띠고 아이들을 단호하게 이끄는 지도 교사도 인상적이었다. 온몸을 감싼 검은색 수영 슈트가 물에 젖어 반짝거렸다. 유연하고 아름다운 바다사자 같아 보였다. 바다사자가 아이들을 이끌고 다니는 것 같았다. 서로 어울리며 보조 기구에 의지해 물에 동동 떠 있던 아이들은 수업이 끝난 후 선생님이 손짓하자 작은 풀로 옮겨 갔다. 선생님은 다리에 힘이 전혀 없는 한 아이만 번쩍 들어 꺼내 줄 뿐, 나머지 아이들은 전혀 도와주지 않았다. 으레 그런 것인 양 아이들은 망설임 없이, 그러나 죽을힘을 다해 물 밖으로 다리를 빼 얹고, 수영장 가장자리를 짚고, 스스로 일어서기 위해 타일 바닥을 빙빙 돌았다. 물 밖으로 나오니 비로소 각자의 어려움이 드러났다. 아이들이 온몸으로 지탱하는 현실의 무게가 비로소 느껴졌다.

아이들은 내가 앉아 있던 플라스틱 의자 뒤쪽, 따뜻한 물이 찰랑거리는 작고 얕은 풀로 들어갔다. 그리고 그곳에서 다시 가볍게 몸을 띄웠다. 따뜻한 습기로 가득 찬 수영장을 나와 고덕역까지 이어지는 겨울 가로수길을 걸으며 계속 생각했다. 물속에서 더 자유로운 아이들을, 그리고 그런 아이들을 따라가는, 드러나는 듯 드러나지 않는 바다사자를 그리자, 거의 매 페이지에 바다사자를 그려 넣기로 마음먹었다. 『파도야 놀자』의 '엄마'처럼, 『나의 명원 화실』의 '진짜 화가'처럼, 바다사자도 말없이 아이 곁을 지킨다. 어른은 그런 존재다.

책 전체를 묶어 줄 형식과 주인공이 결정되었다. 이제는 그리기만 하면 된다. 이 느낌을 놓칠까 봐 숨을 후욱 들이마신다. 서둘러 종이를 마련한 뒤 물감을 짜고, 음악을 틀고, 나를 한껏 끌어올린다. 이 느낌에 내가 오롯이 매료되어 있지 않으면 독자에게 조금도 전달되지 않는다. 그저 떠오르는 대로 파랑을 붓는다. 물결을, 춤추는 아이를 그리고 동그란 조약돌을 그리다가 문득 나비의 바다를 그렸다. 물은 별이 되고, 달이 되고, 새가 되고, 비가 되어 후드득 떨어진다. 비는 30센티미터 자 옆면에 물감을 묻혀 찍었다. 찍다 보니 재밌어서 잔뜩 찍고 보니 아뿔싸, 비가 너무 많이 와 버렸다.

'다시, 바다.' 루시드폴의 노랫말에는 유난히 '바다'가 많이 나온다. 바다라는 단어를 입 밖에 낼 때 내 눈은 항상 먼 곳을 보게 된다. 먼 곳을 보고 그림을 그린다. 하얀 종이 위에 떠오른 것들을 잡아 종이에 고정한다. 물은, 아이들은, 돌로 흙으로 스며들었다. "한라산에 내린 빗방울이 바다로 흐르기까지 이십 년의 시간이 걸린다고 합니다. 이 노래가 태어날 때 땅에 스민 빗방울은 지금 어디에서 무엇이 되어 있을까요." 이번 책에 루시드폴이 남긴 '작가의 말'이 그림과 겹친다. 이 듬성듬성한 이미지들이 기다란 화면 속 자기 자리를 찾아가 서로 이끌리듯 붙었다.

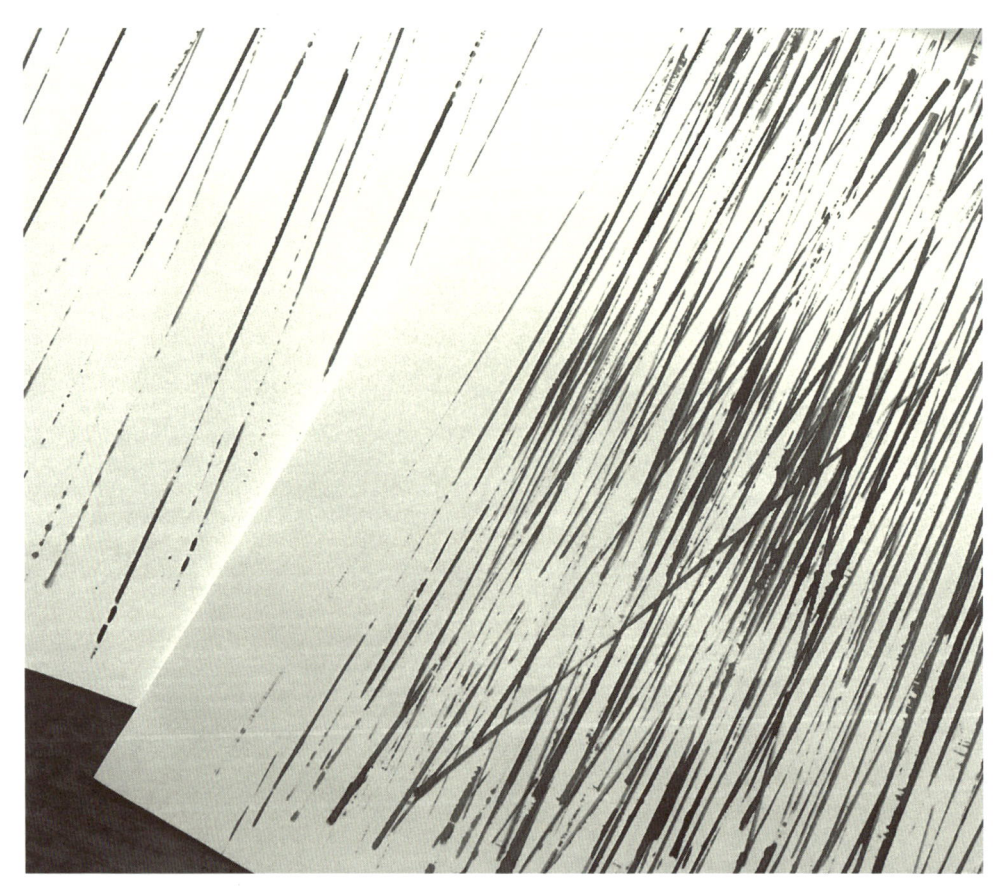

병풍식 제본의 문제는 뒷면에 광활한 공간이 생겨 버린다는
것이다. 연극 무대의 뒤편마냥 환상의 엉성한 뒷면이 드러나
보인다. 풀칠해 붙인 이음면 때문에 굉장한 이미지를 넣기는
어렵다. 하지만 이 공간을 다 짚어 가야 다시 제자리로 돌아오니,
이곳을 채워 줄 무언가가 필요했다. 악보를 넣으면 어떨까? 나는
꼭 그림처럼 보이는 악보 그 자체를 좋아한다. 악보는 다섯 개의
선 덕분에 이미 아름답다. 루시드폴에게 악보를 그려 달라고
부탁했다. 연필로 가볍게 그은 선과 음표들이 도착했다. 연필로
자를 대고 살며시 그은 선이 예뻐 웃음이 났다. 악보는 그의
노래와 똑같이 고왔다. 이 아름다운 악보에 살짝, 아주 살짝만
파랑을 얹었다.

담당 디자이너가 공간의 리듬이 느껴지도록 전체 페이지에 악보를 앉혀 주었다. 앞 페이지와 서로 대응하도록 악보를 배치할까 하는 생각도 해 보았지만, 그렇게 되면 악보가 흘러가는 방향이 오른쪽에서 왼쪽이 된다. 그렇게 해서 얻는 효과가 크지 않을 것 같아 순방향으로 흘려보내기로 했다. 이런 것은 계획한다고 되는 게 아니다. 실물로 인쇄해 손에 쥐고 넘겨 보아야 결론이 난다. 책이란 참으로, 손으로 읽는 물건이기도 한 것이다. 악보의 오선이 물의 층 같아 그 안에서 아이를 헤엄치게 했다. 악보에 얹을 작은 그림들을 그리며 신이 났다. 앞서 완성된 이미지들의 번외 편, 내 그림을 내가 변주하며 놀았다. 악보 위에 다시 한번, 작은 달이 뜨고 작은 새가 날고……. 그러다 마지막 마디, 아이와 바다사자가 물 위로 머리를 내밀며 '퓨우.' 숨을 뱉었다. 그림이 한 바퀴 돌았다. 작업 끝.

"노래는 듣는 그림이고, 그림은 보는 노래입니다." 마지막 페이지 '작가의 말'에 써넣었다. 루시드폴의 나직한 노래를 들으며 내가 본 것들을 그렸다. 그림을 보는 독자들의 귓가에도 노래가 흐른다면 좋겠다.

『물이 되는 꿈』(루시드폴 글·이수지 그림, 청어람아이, 2020)

작업일지 1
원고를 받다

현실 재료의 물리적인 특성에서 작업이 시작될 때가 종종 있다. 『거울속으로』를 작업할 때도 그랬다. 거울이 우리를 놀랍게 하는 것은 나를 온전히 반영한다는 특성과 더불어 산산이 깨진다는 것이다. 그러므로 거울이란 주제를 다룬다면, 반드시 거울은 깨져야 한다고 생각했다.

책 만드는 사람이 늘 다루는 종이는 흥미로운 주제이다. 『선』에서 멋진 궤적을 그리던 주인공이 넘어진 후 등장하는 구겨진 종이 뭉치는 아이의, 그리고 예술가의 실망의 은유다. 종이는 구겨지기도 찢어지기도 하지만, 또한 일부러 자르고 구멍 낼 수 있다. 자를 수 있으므로 자르며 놀고, 구멍 낼 수 있으므로 구멍 내며 논다.

종이 여러 장이 탄탄하게 엮여 구성된 것이 책이다. 페이지 하나하나는 독립된 세계를 표상한다. 책 속에 완벽한 세계들이 켜켜이 들어 있는 것이다. 그런데 페이지에 구멍이 뚫려 있고, 그 구멍으로 너머가 보인다는 것은 세계 간에 통로가 있다는 것을 암시한다. 부분으로만 감지되던 세계가 다음 페이지에서 전체의 모습을 드러낼 때 언제나 놀라움이 있다. 브루노 무나리의 『안개 속의 서커스』(이상희 옮김, 비룡소, 2013)와 토베 얀손의 『그다음에 무슨 일이 있었을까요?』(이유진 옮김, 어린이작가정신, 2014)는 책의 뚫린 창 너머로 다른 공간임을 암시하기 위한 장치로 채도 높은 색들이 다양하게 배치된다. 종이의 잘린 단면을 어루만지는 감촉과 생생한 색감에 손과 눈이 즐겁다. 이런 타공die-cut 그림책을 언젠가는 꼭 만들어 보고 싶다고 마음에 품고 있었다.

194

미국 작가인 팻 지틀로 밀러가 쓴 원고를 받았다. 할머니와 손주가 서로 그리워하며 어떻게 서로에게 가닿을 수 있을까 궁리하는 이야기가 좋았다. 당시 내 일정이 너무 많아서 작업 시기 연기를 부탁했다. 후에 다시 작업을 막 시작하자마자 코로나 19 감염병 유행이 시작되었고, 만날 수 없는 이 두 사람의 이야기는 어쩐지 당면한 우리 시대의 이야기처럼 느껴졌다.

처음 원고를 받았을 때는 형식에 대해서는 생각하지
않았다. 그저 이야기가 참 좋다, 무엇이 될 것 같다는 막연한
느낌뿐이었다. 오래 기다려 준 편집자에게 작업하겠다는
답장을 보내야 할 때가 왔기에 찬찬히 생각을 굴리기
시작했다. 보고 싶지만 만날 수 없는 주인공들을 어떻게
그릴까? 이 애틋한 두 사람을 그림으로 그려 내는 것만으로는
충분하지 않을 것 같은데…… 생각을 하면서 인쇄된 원고를
만지작거리다가 문득 이런 생각이 들었다. 지금 이 두 사람
사이를 책의 페이지가 벽처럼 갈라놓고 다가서지 못하게 막고
있는 건 아닌가? 둘은 멀리 떨어져 있지만 그리움은 종이를
통과한다. 여러 장애물을 넘어 결국 전해지는 서로의 애틋함을
종이를 이용해 표현해 볼 수 있겠다. 아하, 이번 작업은 종이에
구멍을 뚫어 볼 수 있겠는걸. 이렇게 물리적인 가공이 필요한
형태의 그림책은 처음부터 잘 계획되어야 하고, 무엇보다
출판사 제작팀의 확신을 얻어야 한다. 특수 효과를 사용한
책이 늘 특수하게 효과적인 것은 아니다. 하지만 해 보고 싶다!
그렇다면 편집자를 설득해야 한다. 거절할 수 없는 제안이
필요하겠군.
작업 제안서를 쓰기 시작했다.

작업일지 2
제안서를 쓰다

이런 제안서를 보냈다.
번역체 느낌으로 기록하자면 다음과 같다.

잘 지내시나요? 출판사 식구들이 건강하고 무탈하기를 기원합니다. 그림책 원고에 대한 첫 번째 스케치를 보냅니다.

처음 이 원고를 읽었을 때 저는 마음 따뜻해지는 이 이야기에 매료되었습니다. 저는 아이들이 어렸을 적 싱가포르에서 한동안 살았던 적이 있습니다. 아이들은 한국의 할머니를 무척 그리워했었지요. 이 이야기는 서로 멀리 떨어져 있었던 그때의 우리를 떠올리게 했습니다.

이 책이 어쩌다 보니 코로나라는 현재 상황에 관한 책이 되어 버렸다는 생각이 듭니다. 사람들은 만나지도, 서로를 맞아 주지도, 서로를 안아 주지도 못하게 되었지요. 슬픈 마음입니다.

제가 보내는 스케치를 보시면, 할머니와 아이는 서로를 무척 그리워하지만 너무나 멀리 떨어져 있습니다. 이것을 보여 주기 위해서 제 생각에는, 두 사람 간의 거리를 물리적으로 보여 주는 어떤 다양한 방법을 사용해야 할 것 같습니다. 그래서 한번 타공 형식을 사용해 보았습니다. 책의 페이지는 할머니와 아이를 갈라놓지만, 둘은 페이지의 구멍을 통해 서로를 볼 수 있습니다.

타공 책은 쉽지 않은 형식이고, 제작비도 더 든다는 것을 알고 있습니다만, 시도해 보고 싶습니다. 물리적인 책의 형식이 이야기의 일부가 되고, 또 이 형식이 두 사람 사이의 그리움과 사랑을 아주 특별한 방식으로 보여 줄 수 있다고 믿기 때문입니다.

파일 세 개를 첨부합니다. 첫 번째는 동영상 파일입니다.

이 형식적 아이디어를 편집자님께 전달하기 위해서는
실제 타공이 구현된 더미 북을 만들고 그 책장을 넘기는
것을 보여 주는 비디오가 가장 효과적일 것 같아서요.
(딸에게 글을 읽어 달라고 부탁했습니다.)

두 번째는 스토리 보드 피디에프입니다. 대충의 첫
아이디어를 보여 드리기 위한 스케치임을 참고해 주세요.
색의 선택도 임의적입니다.
세 번째는 전체 페이지의 구성을 보여 주는 파일입니다.

저는 이 원고의 글이 다소 길게 느껴지는데요, 어떻게
생각하시는지요? 괜찮다면, 어떤 곳에서는 글의 양을
조금 줄여도 좋을 것 같습니다만. 그러면 펼침 한
페이지를 줄일 수 있습니다.

제가 참고로 한 책들은 다음과 같습니다.

—『사랑Love』(로웰 시프 글·지안 베르토 바니 그림,
캐논게이트북스, 1998),『안개 속의 서커스』(브루노 무나리
글·그림, 이상희 옮김, 비룡소, 2013)

— 두 권의 책 모두 다양한 색지 위에 간단한 먹선
드로잉으로 만들어졌습니다. 저는 이 단순한 표현 방법이
좋습니다만, 아마도 저는 이것보다는 더 다양한 재료
목탄, 펜, 연필, 붓 등으로 작업할 것 같습니다. 이 형식에
대한 당신의 의견을 듣고 나서 예시 그림을 보여 드리도록
하겠습니다.

—『이 작은 책을 펼쳐 봐』는 전체적인 색 계획에
참고하고자 합니다.

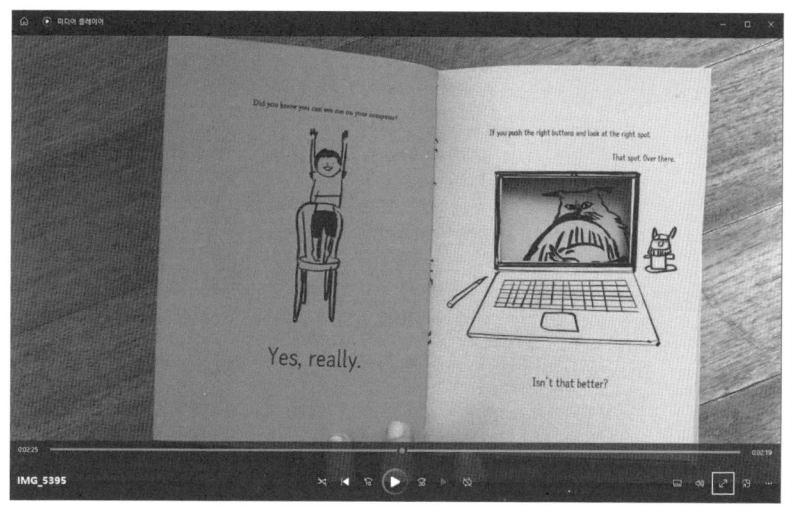

제 스케치 중 할머니의 모습 묘사에 관해서 말씀드리자면, 최근에 저는 프랑스 감독이자 사진 예술가인 아네스 바르다의 「바르다가 사랑한 얼굴들Visages Villages」(2018)을 인상적으로 보았는데요. 그 영화에서 따뜻하고, 유머러스하고 장난기 있는 완벽한 우리의 주인공을 만난 기분이 들었습니다. 특히 저는 아네스의 머리 염색 스타일이 마음에 들더군요!

이 책은 다양하고 멋진 타이포그래피도 중요할 것 같습니다. 이 부분은 출판사의 디자이너를 믿고 가겠습니다.

어떻게 생각하시는지 알려 주시면 좋겠습니다. 이번 작업은 아주 재미있을 것 같습니다.

'과연…… 나의 시도는 성공할 것인가?' 며칠이 지나 답장이 왔다. 일단 "와우Wow!"로 메일이 시작했으므로 예감이 좋았다.

와우! 스케치, 비디오 그리고 이 모든 것으로 당신의 깊은 영감을 우리에게 나누어 줘서 고마워요. 타공 형식은 분명히 더 제작비가 많이 들겠지만 저는 작가님이 제안한 것에 무척 끌립니다. 그리고 원고의 길이에 관해서도 적절히 언급해 주었어요. 글 작가인 팻은 필요한 만큼 얼마든지 줄이거나 고칠 수 있다고 했습니다.

편집자는 타공이라는 형식이 분리, 이별의 상태 하지만 또한 사랑이라는 주제 표현을 한 겹 더 풍성하게 해 주는 것 같다며, 그렇게 추진하기 위해 제작비 견적을 내어 보고 있다고 했다. 제안이 아주 명쾌하게 받아들여졌다. 그리고 페이지마다 어떤 타공 형식을 사용해야 이야기가 잘 작동할까를 생각하며 편집자가 즐겁게 놀아 본 듯한 기분이 드는 논평이 붙어서 왔다. "정말 뇌를 활성화하는 퍼즐 같네요!" 그래, 우리는 같은 페이지에 있는 거야. 좋은 시작이었다.

작업일지 3
외국어로 일하기

본격적인 작업을 시작한 후, 세 번째 피드백이 왔다.

두 번째 피드백까지는 수정 요구 사항이 많았다. 일별한 메일에 피디에프 주석이 많이 붙어 있길래 걱정스러운 마음이었는데, 찬찬히 읽어 보니 반은 칭찬이고 반은 주의사항이다. 타공 영역을 너무 책 제본선에 가깝게 두지 말자, 찢어지기 쉬우니 타공 영역의 크기에 유의해 달라 등의 지극히 기본적인 사항들이었다. 고민이 좀 필요한 지적도 있었다. 맨 마지막 장면에 관하여 새로운 제안을 받았는데, 그 생각에는 얼른 동의가 되지 않는다. 조금 더 고민해 보기로 한다. 하지만 전반적으로 이제 얼추 구성면에서 편집자와 이야기 나눌 것은 끝나간다고 느낀다.

이번 작업은 서로 다른 여섯 번째 다른 나라 편집자와의
협업이다. 모두 다 다른 스타일의 편집자들이지만, 피드백을
받으면서 느껴지는 편집자들의 공통점이 있다. 전반적으로
감탄과 칭찬이 많다. 중요한 것은 칭찬을 '먼저' 해 둔다는
점이다. 뒤에 가서 엄청나게 꼼꼼하게 지적하더라도, 일단
구체적으로 좋은 부분을 먼저 언급한 뒤 수정 사항을
말하니, 일단 심약한 작가의 마음은 말랑말랑해진 상태라
받아들이기가 조금 더 쉬워지는 것 같다.

그리고 거리와 시차로 인해 어쩔 수 없이 모든 의견을 서로
이메일이라는 문서 형식으로 교환하다 보니, 최대한 명확하게
표현하려고 애쓰게 된다. 만나서 이야기하면 백 개쯤
되었을지도 모를 피드백이, 문서로 오니 열 개 정도로 압축되는
듯한 인상을 받는다. 그리고 그 열 개도 최대한 간결하게 온다.
만나거나 전화 통화가 더 나을 때도 있겠지만 이런 방식이
때로는 더 경제적이라고 느껴지기도 한다. 물론 그 간결함
때문에 어쩌면 작가가 불안하게 느낄 수도 있다. 내가 잘하고
있나? 편집자가 원하는 것이 이것이 맞을까? 그래도 나는 그
공백을 잘 견디는 편인 것 같다. 어차피 완벽하게 서로의 생각이
들어맞긴 어려우니까.

편집자의 말투, 어조, 표현 따위가 중립적이라는 느낌을 받는다. 이건 내 모국어가 아니라서 그렇게 느끼는 것이기 쉽다. 뉘앙스를 내가 못 알아채는 것일 수도 있다. 분명히 "이건 좀 고쳐 봐라." 목적의 피드백인 것은 알겠는데, 그 표현이 낯설게 느껴져서 오히려 듣기에 괜찮은 영어적 표현이 가끔 있다. 이를테면, 편집자가 "이 부분을 더 크게 그려라."라는 말을 나에게 전달하고 싶은 것을 알겠는데, 직역하자면, "이 부분을 더 크게 그려야 한다고 너는 생각하니?"로 읽히는 표현의 피드백을 주는 식이다. 저 이상한 문장을 보고 있으면, '어엇 나는 이 부분을 더 크게 그려야 한다고 생각하나? 나는 이 부분을 더 크게 그려야 한다고 생각하는구나!' 하는 살짝 웃기는 생각의 과정을 거치게 되는 것이다. 편집자에게 피드백이 오면 반드시 종이에 인쇄하고, 그 종이 위에 줄을 쳐 가며 내 생각을 적어 둔다. 한국어라면 읽는 순간 바로 접수하고 반영할 텐데, 영어라서 다시 곱씹고 생각을 펼쳐 적어 두게 되고, 조금 더 시간을 들이게 되는 것이다. 수정한 경우에는 수정한 이유를, 그냥 둔 경우에는 왜 그것을 그냥 두었는지 이유를 명확하게 설명하는 메일을 쓴다. 편집자를 이해시키고자 최선을 다하고, 그 과정에서 나도 나에게 설득이 된다. 작업이 다 끝난 후 그 숱한 과정이 산더미 같은 인쇄물로 남는다. 지나고 나면 어떻게 했나 싶은데, 저 고된 과정을 매번 반복하고 있다. 비단 외국어의 문제가 아닐지도 모른다. 편집자와 내가 같은 언어를 쓴다 해도 외국어처럼 느껴질 수 있다. 하지만 서로 충분히 시간을 들여 애쓰다 보면, 결국 어느 공통의 장소에 도달해 있을 것이다.

이 모든 과정에는 편집자에 대한 신뢰 그리고 끝에 돌아올 보람에 대한 믿음이 깔려 있다. 내 스타일과 작업의 맥락을 완전히 함께 잘 이해하고 있는 편집자가 슬쩍, 던진 한마디에 무릎을 탁, 치게 할 대안이 떠오르는 날이 가끔 있다. 그런 경험이 반복되면, '오늘은 또 뭘 고치라고 하려나.' 하는 스트레스보다, '오늘은 또 어떤 새로운 길을 발견하려나.'라는 기대감이 생긴다.

작업일지 4
찐레알최최최종본

마지막 장면, 원고에는 두 주인공이 만난다는 이야기는 없다. 그러나 앞에서 이렇게 그리움이 쌓여 가는데 둘을 만나게 하지 않을 도리가 없었다. 현실에서는 못 만나도 책에서는 만나게 하고 싶었다. 할머니는 편지를 읽는 중 무언가 느꼈고, 눈치 빠른 고양이는 벌써 뛰어나가 몸이 반만 화면에 걸쳐 있다. 창문에는 아이의 머리꼭지가 슬쩍 보인다. 그리고 다음 페이지, 할머니는 그야말로 버선발로 뛰어나가(미국 독자들이 이 표현을 안다면 좋겠다.) 해맑게 웃고 있는 아이의 목을 꼭 끌어안는다.

글 작가인 팻 지틀로 밀러는 이 마지막 장면을 무척 좋아했다고 한다. 그는 나중에 '글 작가가 그림 작가와 만나지 않는 것이 어떻게 창의적인 그림책에 이바지하는가.'라는 재미있는 내용의 동영상을 소셜미디어에 올리기도 했다. 그림책 협업은 보통 글에서 먼저 시작한다. 그러나 그림은 원고 안에 드러나 있지 않지만 그 아래 똬리를 틀고 있는 중요한 메시지를 또렷하게 보여 줄 수 있다. 가장 멋진 경우는 글과 그림 중 어느 것이 먼저 시작된 것인지 알 수 없도록 서로 스며든 상태일 것이다.

표지만 남았다. 이렇게 책 제작의 여러 구성 요소가 딱딱 맞아떨어져야 하는 종류의 작업을 진행하면서 오로지 이메일만으로 편집자와 소통을 하고 있다니! 진정 너를 칭찬하고 나를 칭찬해. 편집자나 나나 서로 의도와 아이디어를 잘 설명하기 위해 모든 노력을 기울이고 있다. "구멍 뚫린 더스트 재킷을 씌우기보다는 두꺼운 표지에 직접 구멍을 내어 그 들여다보이는 안쪽에 제목의 일부가 보이는 형태로 가면 더 좋겠습니다." 이런 구구절절한 설명을 하려니 마지막 순간까지 머리에서 김이 모락모락 난다. 편집자의 답장이 왔다. '영업부와 의논 후에 결론이 나겠지만, 이 책은 당신의 제안대로 제목이 보이는 두꺼운 타공 표지, 책 재킷 없이 a die-cut case with the title page peeking through, with no jacket 정리하겠다.'는 내용이다. 경제적인 표현이다. 그림책 한 권 할 때마다 영어 실력이 늘어나는 기분이다.

Your cat, Clarence.

The dinner you just made.

앞뒤 페이지를 보기 편하게 정리하고, 타공 영역을 붉은 선으로 표시하고, 그 뚫린 곳을 통해 보일 그림을 따로 얹어 레이어 설명을 붙여 가며 하나하나 정리해 가고 있다. 그림을 손으로 그리는 게 아니라 머리로 그리고 있다. 모니터를 들여다보느라 눈알이 빠질 것 같다. 편집자도 지금이야말로 다정함이 필요하다고 생각하는지 격려로 가득한 메일을 계속 보내 준다. 그간 오고 갔던 많은 메일, 고된 시도와 이견 조율이 그래도 의미 있었다 싶게 해 주는 편집자의 말이 고맙다. 이런 격려를 들으면 마지막까지 최선을 다하고 싶다. 끝은 보이는데 체력과 지력은 바닥을 치네. 아이들과 잠깐 바람 쐬러 나갔다 왔다.

다음 날, 편집자에게서 찐레알최최최종 피드백이 왔다.

　　"이 책은 굉장해요. 이 작업의 과정은 편집자로서 가장
　　독특하고도 보람 있었던 작업 중 하나로 기억될 거에요."

저도 그래요. 모든 책은 그 자체로 정말 독특한 경험이다.
『우리 다시 언젠가 꼭』(비룡소, 2022) 작업이 끝났다.

여름의
흔적

어린 내가 기억하는 엄마의 모습이 있다. 어느 여름날, 해가 이미 높이 뜬 아침, 엄마가 턴테이블에 아바의 레코드판을 거신다. "잠꾸러기! 이제 일어나."라며 이불을 휙 걷고 웃으신다. 함께 노래에 맞춰 깡충깡충 뛰어다닌다. 언제나 '치키티타'가 들리면 꿈인지 모를 아련한 그 이미지의 스위치가 켜진다.

우리 아이들이 어릴 때, 휘영청 보름달을 보며 마루에 다 같이 누워 드뷔시의 「달빛」을 들으며 잠을 청했던 적이 있다. 아이들이 그 기억을 가끔 꺼낸다. 지금은 사춘기인 아이들이 각자의 취향을 귀에 꽂고 다니지만, 그때는 항상 함께 음악을 들었고, 가끔은 떠나가게 음량을 한껏 높여 들었다. 시골이어서, 옆집이 너그러워서 가능했던 일이다. 소나기 쏟아지던 어느 날에는 집에 도착하고도 내리지 않고 차 속에서 비발디의 「사계」 중 '여름'을 차가 쿵쿵 울리도록 들었다. 공연장이 따로 없었다. 유리창을 때리는 빗물을 바라보며 그 좁은 공간을 울리던 박력 있는 사계에 빠져든 아이들의 표정을 잊을 수 없다. 그게 좋았던 걸까? 텃밭에서 일하다가 애들에게 음악 좀 틀고 오라고 시키면 종종 뛰어가 사계 시디를 재생시키고 문을 활짝 열었다. 아이들은 음악을 어떻게 느낄까? 이 음악 안에서 무엇을 볼까? 비발디의 사계는 그저 봄, 여름, 가을, 겨울이란 제목만으로도 많은 이미지를 불러일으킨다. 이 음악을 책으로 만들어 보고 싶다는 막연한 생각이 그즈음 싹텄다.

그러나 막상 비발디의 음악을 작정하고 그려 보려니,
이미지들은 추상적으로 겉돌았다. 음악을 '표현'하려는 것은
아닌데, 표현하지 않고 이 음악을 그리려면 어떻게 해야 할까?
여름의 3악장을 들으면 비바람을 뚫고 숲을 헤치며 달리는 어떤
아이가 보였다. 하지만 결국 그 끝에 그림으로 나온 것은 그저
구름 그림뿐이었다. 구름이라니, 정말 재미없구나. 하릴없이
온갖 구름만 그리다가 비발디 프로젝트는 그렇게 스쳐
지나갔다. 음악과 그림책이 만나는 상상은 그러나, 늘 마음에
두었다. 서로 다른 장르가 만나는 새로운 가능성에 늘 관심이
간다. 그림책으로 여러 예술 장르의 다양한 물줄기가 흘러
들어오게 하여 글과 그림 너머의 것들을 만들어 내 보고 싶다.
정적인 예술은 동적인 예술을 늘 동경한다. 음악을 그리는 게
아니라 음악을 느끼게 하고 싶고, 춤을 그리는 게 아니라 춤이
되고 싶은 것이다. 그림책은 핑계일 뿐.

아이들 친구들이 놀러 와 마당에서 놀다 보면 결국 물놀이로
끝나곤 했다. 텃밭에 물을 주려고 갖춰 둔 긴 호스가 있었고,
물총과 바가지, 물뿌리개와 작은 그릇들은 늘 마당에 널브러져
있었다. 승자는 언제나 물놀이의 호스를 먼저 잡는 사람이었다.
늘 누구 하나는 결국 울고 마는 격렬한 놀이지만, 또 금방
놀이는 재개되었다. 아이들에게 그즈음의 마당은 축복이었다.
아이들도 뛰고 개도 뛰고 물방울도 뛰고…… 모두 뛰며 놀던
시절이다.

차갑고 반짝반짝 빛나는 물을 튀기는 아이들의 커다란 몸짓과
청량한 웃음소리를 그려 보고 싶구나. 물놀이를 그릴 요량으로
스케치를 끄적였다. 그런데 어느 순간, 마음속에서 비발디의
여름과 아이들의 놀이가 연결되었다. 문득 악보를 보니 음표가
통통 튀는 물방울처럼 보였다. 악보에서 우르릉 천둥이 쳤다.
강렬한 햇살과 그을린 아이들, 그 위로 흘러내리는 물방울.
갑자기 사위가 어두워지고 비바람이 휘몰아치고, 아이들이
들고 놀던 물총과 우산이 하늘로 날아가는 상상! 즐거운 놀이와
한여름 날의 변화무쌍한 날씨. 이 두 에너지가 만나면 뭐라도
나오겠는걸. 이렇게 『여름이 온다』의 이미지가 모이기 시작했다.

안토니오 비발디의 대표작 중 하나인 「사계」는 1725년, 비발디가 작곡한 「화성과 창의에의 시도」라는 제목의 12곡의 바이올린협주곡 일부이다. '봄', '여름', '가을', '겨울', 네 개의 곡이 각각 3악장씩으로 구성되어 있고, 악장마다 각 계절을 묘사하는 소네트(짧은 시)가 붙어 있다. 현대적인 눈으로 바라보면 이 소네트는 사족처럼 느껴진다. 특별한 정보가 있는 것도 아니고, 시적으로 인상적이지도 않다. 비발디가 이 소네트를 넣은 까닭은 무엇일까? 음악은 종종 글 없는 그림책과 겹친다. 음악은 무언가를 시각적으로 묘사하거나 설명하기가 쉽지 않고, 그림은 시간성을 표현하기 어렵다. 하지만 그 둘이 그림책으로 만나면 시간이 잠재된 말 없는 서사가 가능하지 않을까? 이 말 없는 예술들은 말이 없음으로 인해 청자와 관람자의 마음속 여백을 파고들고, 각자 다른 해석을 허락한다. 작업할 때는 이것이 글 없는 그림책이라는 의식도 없었는데 결과적으로 그렇게 되어 버렸다. 하지만 뭔가 악장과 악장 사이를 한 번씩 끊어 가면 좋겠다는 생각이 들었다. '파리 떼가 미친 듯이 붕붕댄다!'라는 소네트의 구절은 습한 여름, 다가올 폭풍의 전조와 성가신 파리 소리가 한 방에 해결되는 생생한 한 줄이므로 꼭 넣고 싶었다. 비발디의 소네트를 조금 다듬어서 얹었는데, 편집자가 조금 더 아이의 일기 같은 말투는 어떻겠냐는 적절한 제안을 해 주었다.

『물이 되는 꿈』을 만들면서 악보는 재미있는 시각적 도구라는
것을 알게 되었다. 간격이 적당한 다섯 개의 선 위에 얹히는
동그라미와 꼬리와 선은 시각적으로 흥미로운데, 게다가 그것이
어떤 음을 표상한다는 아주 구체적이고 실용적인 기능까지
한다니 놀랍지 않을 수 없다. 종종 어떤 분야의 문외한은 엉뚱한
데서 놀라움과 기쁨을 느낀다. 음악을 잘 모르는 내 눈에 악보는
그저 아름다운 흔적, 드로잉으로 보였다. 「여름」의 악보를 내
방식대로 커다랗게 그려 보았다. 실제 악보는 글자와 같다.
순서대로 읽어 내려가는 것이며 규범이 있다. 그러나 내 악보는
이미지이다. 음악을 눈으로 느끼는 것이다. 이것은 음악은
아니지만, 음악과 비슷한 어떤 것을 느껴 볼 수 있을 것 같았다.

과연 음악의 기호들을 통해 얼마만큼 작곡자의 의도가
전해질까 궁금하다. 이미지의 기호들로 나의 의도는 얼마만큼
전해질까? 음악의 빠르기 말은 흥미롭다. 그림책 안에서 이것은
마치 책을 읽는 속도에 대한 안내처럼 읽힐 수도 있겠다는
생각이 든다. 1악장은 '알레그로 논 몰토 Allegro non molto'로
표시되어 있다. 너무 빠르지 않고 경쾌하게, 늘어지지는
않으면서 조금은 빠른 느낌으로 책장을 넘겨 주세요. 하지만
절대, 너무 빨라서는 안 됩니다. 얼마나 빨라야 빠른 걸까?
대중적으로 많이 알려지고 인기 좋은 「사계」는 많은 연주자가
개성 있고 다채로운 연주를 선보여 왔다. 주로 이 무지치,
줄리아노 카르미뇰라, 파비오 비온디의 연주를 찾아서 들으며
작업했는데, 파비오 비온디 연주의 속도감은 최고여서, 그걸
듣고 나면 다른 연주는 여름날 엿가락처럼 늘어지게 들렸다.
막스 리히터의 「재구성-비발디의 사계」는 작업이 풀리지 않을
때면 명상하듯 들었다. 연주자마다 각기 다른 해석으로 내놓는
자신의 곡을 손톱을 물어뜯으며 객석에서 초조하게 지켜보는
비발디가 보이는 듯하다.

객석의 비발디…… 이 모든 것이 무대 위에서, 사계의 여름
세 악장이 연주되는 동안 벌어지는 이야기라는 설정으로
가야겠다고 생각했다. 오랜만에 다시, 무대로구나.
텅 빈 무대로 시작한다. 연주자들이 무대로 하나둘 들어온다.
조율을 시작한다. 어긋나는 화음은 관객의 마음을 긴장과
설렘으로 채운다. 헛기침 소리, 부스럭거리는 소리……. 굳이
코까지 풀어가며 웅성대던 관객은, 제1 바이올린 주자의 활이
올라가는 것을 보며, 이제 모두 숨을 죽인다. 숨죽임, 정적……
이것조차 연주자와 관객 간의 공모이다. 공연은 한정된
공간에서 한정된 시간 동안, 미리 잘 짜 놓은 퍼포먼스를
터트린다. 공모자들은 서로 약속한 대로 기대하고, 보여 주고,
반응한다.

1악장의 커튼이 열리면 이글이글한 태양이 내리쬐는
한여름의 마당이 나타난다. 이 공연이 펼쳐질 세트이다.
더위에 시들시들한 풍경처럼 느리게 흐르던 음악은 돌연
강렬한 시작을 알리고, 공격! 신호와 함께 물풍선이 쏟아진다.
아이들은 둘로 나뉘어 물싸움하다가 호스를 차지하러
달려간다. 1악장은 아이들의 에너지를 그린다. 다양하고 강렬한
아이들의 색과 역동적인 움직임의 표현을 위해 색종이 콜라주
위에 크레용으로 그렸다. 색종이는 쉽게 화면을 만들 수 있게
해 주는 재료이다. 아이들의 놀이 모습도 풍경이기보다 색 면의
구성처럼 보이기를 바랐다. 대충의 장면을 상상하고, 계획
없이 곧바로 색종이를 오려서 흰 종이 위에 얹는다. 그리고 그
종이에 맞춰 즉흥적으로 그린다. 오려진 종이의 단차 때문에
크레용의 선이 삐뚤빼뚤 얹힌다. 부정확한 모양의 색종이 위에
또 한 번 어긋나게 그어지는 선은 아이의 움직임을 더 강조한다.
즉흥적이므로 자유롭고, 무엇보다 그리는 재미가 있다. 그 위에
쭉쭉 뻗고, 펑펑 터지고, 톡톡 튀는 물을 얹는다. 붓으로 뿌리고,
긁고, 붙인다. 색종이의 구성 위에 물방울의 구성을 얹는
느낌이다. 독자들이 이 책을 보면 당장 옆에 굴러다니는 아무
재료나 집어 그림을 그리고 싶어졌으면 좋겠다.

2악장은 다른 악장들에 비해 상대적으로 짧고 느리다. 고요한 선율 위에 나지막하게 우르릉거리는 천둥소리가 네 번 반복된다. 조금 더 유희적인 이미지와 천둥소리를 품고 있는 먹구름을 교차시켜 본다. 악보의 시각적인 아름다움도 담아 본다. 파랑과 먹으로 줄곧 가다가 마지막, 무지개 색으로 폭발한다.

3악장의 풍경은 연필 선이 드러나는 담채로 그리다가 후반부로 가면서 아크릴 물감을 혼용해 두텁게 구름의 풍경을 묘사했다. 할 수 있는 온갖 기법을 던지며 그대로 질주하는 느낌이다. 다양한 질감의 그림들을 폭풍우를 뚫고 가듯 독자가 눈으로 느꼈으면 좋겠다. 서로 다른 스타일의 그림들이 한 권의 그림책으로 묶여, 다양한 에너지 그 자체가 여름의 이미지가 되면 좋겠다. 갑자기 바람이 세게 불어온다. '북풍이 산들바람을 삼켰다.'라고 소네트에서 표현하는 그 강한 바람이다. 비가 조금씩 내리기 시작하다가 이내 퍼붓는다. 눈을 뜨기도, 몸을 가누기도 어려울 정도로 몰아치는 비바람을 뚫고 나아가던 아이들은 우산을 놓치고, 그 우산이 주인공이 되어 바람에 휩쓸려 구름 속을 떠돈다. 연주가 절정에 이른다. 이제 아이들도 우산도 집으로 돌아와 무대 위 커튼 안으로 안착하면 공연은 끝이 난다. 여름은 몸과 마음을 흠뻑 적신다. 한바탕 폭풍과도 같은 공연이 끝났고, 이렇게 여름이 왔다.

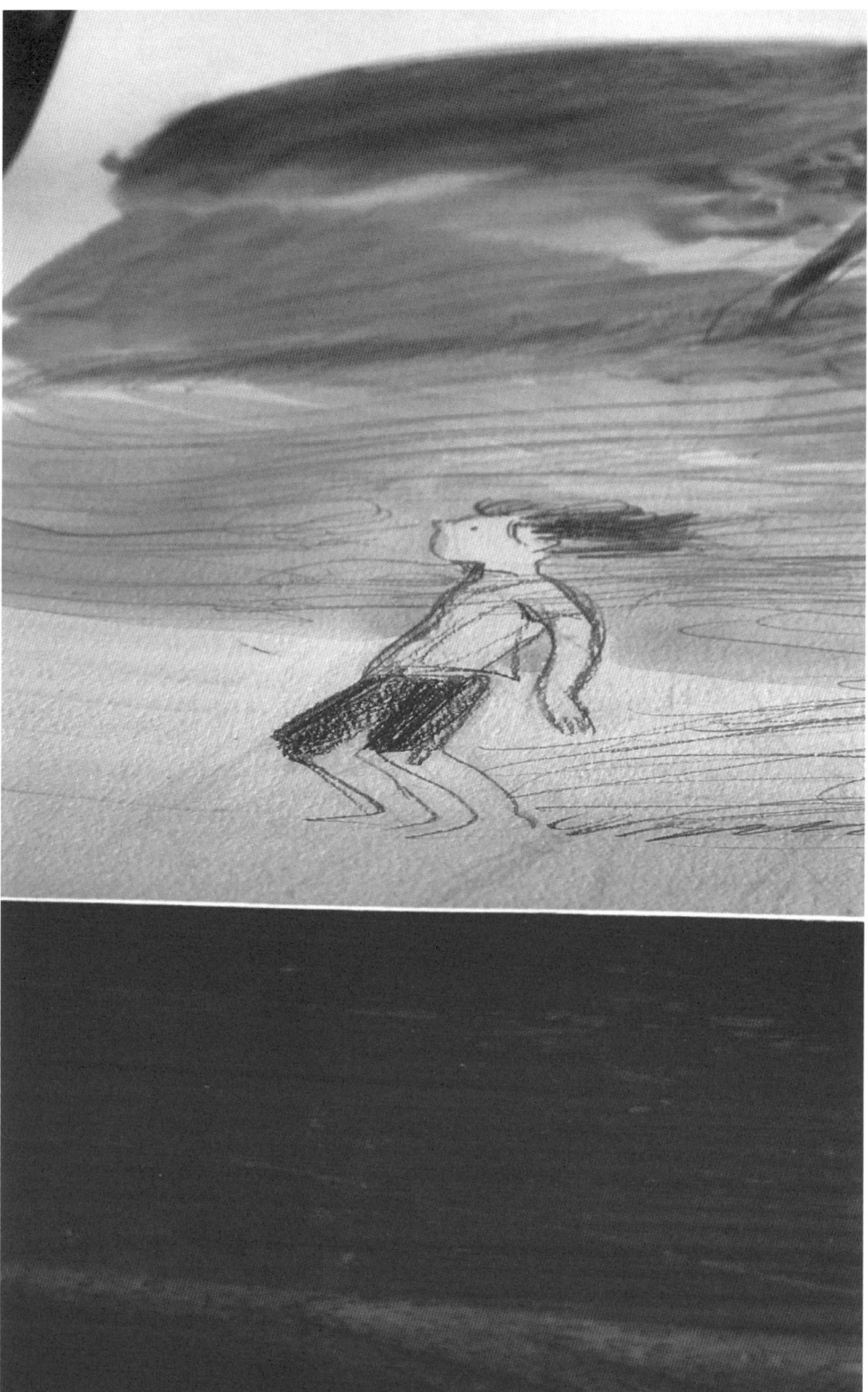

어린이는
모든 색

그의 물감 팔레트를 보면 누구인지 알 수 있을 정도로 색은 창작자의 개성을 잘 드러낸다. 본의 아니게 나는 파랑 쪽으로 고정되어 가는 것 같다. 아마도 『파도야 놀자』와 『물이 되는 꿈』 때문일 거다. 판화를 처음 배우면서 제한된 색을 사용하는 그림에 매료되었던 것 같다. 한 가지 색이 명도에 따라 그렇게 다양한 감흥을 전해 준다는 것은 경험해 보지 않고서는 알 수 없는 일이다. 나의 이탈리아 출판사가 여러 검은색 중, 자기들만 쓰는 검정 인쇄 잉크를 조색해서 출판사 이름을 붙여 놓고 사용한다는 이야기를 했었다. 멋지다. 그런 방식으로 출판물의 정체성을 만들 수도 있구나.

'경계 3부작'에서 왜 제한된 몇 가지의 색깔만 사용하냐는 질문을 자주 받는다. 답은 다음과 같다. 색깔은 장식이 아니라, 이야기를 만드는 중요한 요소이기 때문이다. 책에 사용되는 색이 몇 가지 없으면 독자는 색의 존재 여부를 알아차리게 되고, 색이 사용되는 방식과 그 이유를 읽게 된다. 아이의 옷은 처음에는 색이 없었다가 파도와 놀고 난 뒤 푸르게 물들고, 그림자 세계에 다녀온 뒤 노랗게 변해 있다. 아이의 성장과 내면의 변화가 그대로 색으로 드러나는 것이다.

여러 색이 섞여 들며 우러나는 분위기, 그런 색의 쾌감이란 것이 분명히 있지만, 나는 그것보다 개념적이고 명시적인 색의 사용을 더 좋아했던 것 같다. 그러니 대학 입시를 통과하기 위해 그리는 정물화를 잘 그릴 리가 없었다. 고등학교 때 동네 입시 학원 선생님이 나를 앉혀 놓고 '사과란 무엇인가?' 시범을 보인 적이 있다. 정물 대에 무슨 사과가 있든, 온갖 색과 붓 터치의 중첩, 짙은 푸른색 반사광까지 채워 넣으니, 튀어나올 듯 동그랗고 빛나는 세척 사과 하나가 스케치북에 나타났다. 으음, 저건 상상화 아닌가? 어차피 상상화라면, 마음에 드는 빨강 하나로만 그리면 안 되나? 수채화인데 왜 번지면 안 되나? 나는 중첩된 터치와 조화로운 색의 향연에 아주 질려 버리고 말았다. 인제 보니 그 반작용이었던 건가. 나는 『물이 되는 꿈』에서 오로지 한 가지 파랑으로만 그렸다. 조화로움 따위 없이 강렬한 물색 하나로 가겠어. (다시 한번, 모든 뒤끝은 창작의 근원!)

파랑은 광물의 느낌이 도드라지는 안료다. 인쇄물을 만들 거라면 애초에 파랑이 품고 있는 전기적 푸른빛에 매료되면 안 된다. 이 아름다운 파랑은 나중에 최종 인쇄물로 구현되지 않을 것이다…… 라고 중얼거리면서도 내 붓끝에 펼쳐지는 눈부신 파랑 안료에 넋을 잃는다. 4도 인쇄 그림책은 내가 듣도 보도 못한 색으로 표현될 거라 각오하고 작업한다. 원화의 색은 총 세 번 안드로메다 은하계를 다녀온다. 원화를 스캔해서 디지털로 변환하는 과정에서 한 번, 모니터 상에서 RGB 모드를 인쇄용 CMYK 모드로 변환하는 과정에서 한 번, 마지막으로 인쇄소에서 최종 인쇄되어 나오는 과정에서 한 번.

원하는 색을 내려면 별색을 지정한다. 『파도야 놀자』의 파랑은
별색이다. 『파도야 놀자』는 판화 같은 평평함을 목표로 했기에,
파랑이 들어가는 모든 물 표현을 처음부터 먹으로 그려서,
나중에 컴퓨터 작업에서 먹 부분에 별색 파랑을 부었다.
하지만 『물이 되는 꿈』의 물빛에는 조금 더 깊이를 주고 싶었고,
그렇다면 4도 인쇄로 가야 했다. 4도 파랑이라니, 벌써 마음에
먹구름이 낀다. 컴퓨터 스크린이란 가상 현실이다. 원본의
한계가 명확한 파일을 기계에서 한껏 끌어올리려는 불가능한
작전을 펼치러 인쇄 감리를 보러 간다. 디자이너들은 작가가
인쇄 감리를 따라오면 은근히 좋아한다고 한다. 와서 두 눈으로
확인하고 실컷 좌절해야 나중에 책 받아 들고 딴소리를 안
하니까.

색은 정치적이다. 등장인물을 묘사하는 색의 표현에 신경을
쓰게 된 계기가 있다. 『선』의 주인공에게 빨간 모자를
씌우고 빨간 장갑을 끼워 주었다. 이와사키 치히로의 『눈
오는 날의 생일』(엄혜숙 옮김, 미디어창비, 2018) 표지의 겨울
아이를 좋아했기 때문이다. 그런데 너무 전형적인가 싶어서
분홍색으로 바꿔 보았다. 별색으로 형광 분홍을 쓰면 상큼할
것 같았다. 그런데 편집자에게서 메일이 왔다. 이 모자 색을
분홍으로 바꾼다면 미국에서는 이 책은 '여자아이들의 책'이
되어 버린다. 그건 우리가 원하는 바가 아니며 또한, 그렇다면
남자아이들의 부모들은 절대로 사지 않을 것이므로 판매도 반
토막이 날 것이라는 현실적 조언이었다. 다시 빨강으로 돌아갓!

『선』에서 주인공이 넘어져 풀 죽어 있을 때, 넘어지고 미끄러지면서 그것을 놀이로 만드는 친구들이 등장한다. 그제야 주변을 돌아보고, 실은 어마어마하게 많은 친구가 함께 스케이트를 타고 있었다는 사실을 알게 된다. 처음에는 그저 그 수많은 아이 바지저고리를 다른 색깔로 입히느라 바빴는데, 그때 편집자가 다양함에 대한 주문을 넣었다. 그래서 바지저고리에 더해서 모자, 장갑, 머리카락 색, 피부색에 대해 고민하기 시작했다. 그런데 피부색을 고려하게 되니 그다음엔 새로운 고민으로 이어졌다. 갈색 피부를 표현한다면, 그럼 색이 없는 얼굴은 어떻게 읽히려나. 고민 끝에 내 안에서 규칙을 세웠다. 피부색이 이야기의 주된 주제가 아닌 한, 인종적 다양성이 아닌 어린이의 다양성을 표현하는 것으로 가자. 그러므로, 어린이는 모든 색이다.

이 생각은 이후의 책에도 영향을 미쳤다. 『우리 다시 언젠가 꼭』 책이 나온 후, 미국의 어느 도서 평에 이런 표현이 있었다. '이 책의 주인공들은 먹선으로만 그려져 있고 강렬하고 다양한 배경색의 변화에 따라 피부색도 변한다.' 주인공 아이의 성별과 인종을 특정할 수 없도록 그린 것이 읽힌 것이다. 그림책이 종종 다루는 '환상적인 세계'가 '허무맹랑한 세계'는 아니다. 환상은 현실에 기반해 있다. 현실과 환상의 경계를 늘상 오가며 놀이를 하는 어린이들도 어떤 것이 현실이고 어떤 것이 상상인지를 명확히 구분하기에 그 놀이를 더 재미있게 느낀다. 작품은 시대를 반영한다. 그림책을 만들 때는 의식적이든 무의식적이든, 미래에서 온, 그 미래를 살아갈 어린이들이 살아갈 편견 없는 세상을 염두에 둔다.

아이들과 같이 그림을 그리며 놀던 중 무심결에 "살색 크레파스 좀 집어 줄래?"라고 했다가 아이들에게 교정을 받은 적이 있다. "'살색'이 아니라 '살구색'이야." 아이들은 자신들이 납득할 수 있다면 빠르게 자기 것으로 삼는다. 궁금해서 살색이 살구색이 된 연원을 찾아보았다. 양주 외국인 노동자의 집을 운영하는 대표와 아이들이 2001년, '크레파스 색깔 가운데 특정 색을 '살색'이라고 표현한 것은 인종 차별'이라며 국가인권위원회에 진정을 내었고, 평등권 침해 소지가 인정되어 기술표준원에 개정이 권고된 이듬해, '살색' 대신 '연주황'으로 바뀌었다. 그런데 다시 한번 그 아이들이 어려운 한자 이름 대신 알기 쉬운 살구색으로 바꿔 달라고 제안하여, 공식적으로 '살구색'이 되었다고 한다. 씩씩하고 기특하다.

『이 색 다 바나나』(제이슨 풀포드 글·타마라 숍신 그림, 봄볕, 2022) 그림책 표지에는 연두, 다양한 노랑, 갈색과 검은색까지 바나나를 표현하는 여러 색이 색상표로 정리되어 있다. '바나나는 노랑'이라는 전형적인 도식에서 벗어나, 나의 눈으로 자세히 세상을 관찰할 것을 권하는 책이다. 결국, 세상 모든 것들은 지극히 다양한 색을 지니고 있으며 이 독특한 개별자들이 모여 보편을 구성한다는, 단순하지만 중요한 진실에 도달하게 만든다. 존재하는 다양한 인간의 피부색을 정리해 놓은 색상표는 명쾌하고 아름다우며, 인류애마저 느끼게 한다. 이렇게 생각을 확장해 본다면 세상을 보는 관점은 사뭇 달라질 것이며, 이런 경험은 빠르면 빠를수록 좋다고 생각한다.

『여름이 온다』를 만들 때도 비슷한 생각을 했다. 책에 등장하는 다섯 아이는 겹치는 색 없도록 모두 다른 색종이를 오려 붙여 표현했다. 물감을 섞어 만든 색이 아니라, 쨍하고 생생한 색종이의 색 그대로 가져다 쓴다고 생각했다. 색종이라는 재료가, 누구와도 같지 않고 그 자체로 반짝이는 아이들 같다는 생각이 들었다. 주장하지 않지만 느껴지는 이런 의도와 표현들이 그림책을 즐기는 아이들과 어른들의 마음에 시나브로 스며들 것으로 생각한다. 구체적인 삶 속의 우리는 생김새도, 피부색도 다양하고 가족 구성원도 다양하다. 최근의 그림책들에 등장하는 다양성의 표현들을 보면서 우리 사회를 표현하는 기본값이 많이 변화하고 있다고 느낀다. 어느 축제에서 함께 대담했던 마리 오드 뮈라이 작가의 말이 생각난다. 작가의 책에는 장애인과 성 소수자 인물이 자주 등장한다. 이에 대해 작가는 말했다. "필요에 의해 대표 주자로 하나씩 넣는 게 아니다. 그저 그들이 우리 삶의 일부이기 때문이다." 어린이 책은 단순한 진실을 명징하게 전한다.

사적인 감정은
없어

외국 출판사, 특히 미국 출판사와 일하다 보면 에이전트의
필요성을 절감하게 된다. 처음 외국의 출판 시장에 나오면
어리벙벙하다. 내가 들고 있는 계약서가 합당한지, 나는 정당한
대가를 받는 건지 알 길이 없으니, 업계의 표준을 가늠하고
작가의 의심을 해소해 줄 답안지를 들고 있는 에이전트들이
아쉬운 것이다. 게다가 어떤 에이전트들은 작가가 생각지도
못한 부분에서 수요를 창출하기도 한다. 베를린에서 만났던
한 크로아티아 작가가 "내 사랑하는 에이전트가 내 책으로
넥타이를 만들어다 줬어!" 하고 자랑하는 것을 보고 알게
되었다. 담당 에이전트가 있으면 계약뿐 아니라 에이전트의
역량으로 원고를 구해 주는 예도 있고, 수정 횟수 조절 등
작업의 과정에서도 대신 처리해 주는 부분도 있어 일이
쉬워지기도 한다. 특히 어떤 국가들은 출판의 관례와 방식이
현저히 다르므로, 현지 사정을 잘 알고 첫 번째 판단을 해 줄 수
있는 에이전트의 역할은 크다.

그러나 맨 처음 외국어로 된 계약서를 받아 들었을 때, 나는 이렇게 생각했다. 내가 엄청난 양의 계약서를 처리하는 것도 아니니, 에이전트 비용만큼의 고생을 내가 해 본다고 생각해 보자. 이 업계가 어떻게 굴러가는지 궁금하기도 하고, 이렇게 부딪히다 보면 결국은 뭐라도 더 알게 되겠지. 일단 용기를 내어 도전했으나 막상 계약서는 어려웠다. 누가 더 어렵게 쓰나 내기라도 하는 듯, 단어도 어렵고 표현도 어려웠다. 그리고 매번, 출판사마다, 나라마다, 모두 다르고 새로웠다.

처음에는 출판사에 계약 관련 이메일을 작성한 후 '보내기' 단추를 누를 때마다 가슴이 두근거렸지만, 차차 나아졌다. 귀동냥으로 들은 정보와 여기저기서 읽었던 것들을 조합하고, 아는 편집자들에게 묻고, 무엇보다 동료 작가에게 염치없이 물어 알게 된 것들로 얼기설기 계약 조건들을 조정해 나갔다. 각자의 과정이 지난한 것을 알기에, 동료 작가들에게 쉽게 묻는 것은 실례였다. 조건은 개별 능력과 연차마다 다르므로 함부로 묻기 힘들지만, 계약서의 잘 모르는 항목에 대해서는 담당 편집자에게 함부로 물을 수 있다. 특히 영문으로 작성된 계약서는 헷갈리는 것도 많아서, "난 외국인이니 이걸 모르는 게 이상한 일은 아니잖아?"란 태도로 뻔뻔하게 물어보곤 했는데 대체로 우문현답을 받았고, 덕분에 놀랍게도 편집자나 계약 담당자도 계약서의 모든 항목에 대해 그리 잘 알고 있는 것은 아니라는 사실도 알게 되었다. 그러므로 계약서란 것이 절대 부동의 권위를 지닌 어떤 것이라기보다는 쌍방이 '함께' 만들어 가는 것이라는 점을 확인하게 된 셈이다. 그런 식으로, 막 시작하던 즈음의 정말 형편없는 조건의 계약에서 눈곱만큼씩 나아져서 여기까지 왔다. 새로운 계약의 목표는 지난 계약의 조건보다 아주 조금이라도 나아지는 것이었으니, 실로 나의 계약의 역사는 나의 커리어의 역사이기도 하다.

계약을 진행하다 보면 많은 생각을 하게 된다. 이토록 낭만적인 그림책도 어쨌거나 가격표를 단 상품이구나. 아직 존재하지 않는 어떤 가능성으로의 콘텐츠를 담보로 가격을 매기고 조율하고 있구나. 내 능력의 가치는 숫자로 환산하면 이렇구나 등등. 이것이 공급가 기준인지 최종 소매가 기준인지를 정신 차리고 따져 보고, 남의 나라 말과의 전쟁, 관례와의 전쟁, 시장의 경향을 알아봐야 하는 귀차니즘과의 전쟁, 전자책과의 전쟁을 치른다.

그림책의 경우 수요가 미미하므로 전자책은 관심의 대상도 아니었는데, 바로 그 이유로 그냥 넘기기 어려운 항목이다. 시장의 표준이 없고 드러난 표본도 별로 없다. 어떤 곳은 전자책이라는 표현으로 대충 모두 뭉뚱그리고, 어떤 곳은 아주 세분화하여 써 놓기도 한다. 뭉뚱그리든 자세하든, 출판사는 이 콘텐츠로 할 수 있는 모든 형식을 확보하겠다는 의도를 계약서에 담는다. 현재는 없으나 미래에는 있을 수도 있는 '상상할 수 있는 모든 형태'의 사용을 허락해 달라는 식으로 쓰인 조항을 보면, 영화 「써니」에서 "왜? 미래엔 물도 사 먹는다고 그러지 그러냐?" 대사가 떠올라서 좀 웃기다. 그러나 일단 모두 좋다고 서명해 놓으면, 혹시나 공기도 사 먹는 시대가 왔을 때 결국 나는 속수무책인 것이다. 출판사는 가능한 모든 것을 확보해 놓으려고 하고, 작가는 가능한 모든 것을 빼놓으려고 한다. 현재 작가로서는 '미안하지만 아직 상상할 수 없으므로, 필요한 순간이 오면 아마도 그때 가서?'라는 명목으로 결정의 시기를 미루는 방도가 최선의 방어인 것 같다.

대충 계약서를 이해하고, 나의 입장을 정하고 나면, 출판사와의 밀고 당기기가 시작된다. 나의 요구에 출판사는 언제나 일단 어렵다고 대답한다. 그토록 냉정할 수가 없다. 출판사의 입장은 영화 「대부」의 돈 콜레아니의 대사로 요약된다.

"사적인 감정은 없어. 이건 사업일 뿐이야.
It's not personal. It's strictly business."

그런데 작가의 입장도 요약하면 출판사의 입장과 다를 바 없다. 따져 보고, 서로의 입장을 내놓고, 하나를 얻고 하나를 내놓고. 반드시 고수할 것은 고수하지만, 전체를 보면서 내려놓을 것은 내려놓는다. 계약서를 작성할 때는 계약서만 생각해야 한다. 담당자의 인품과 출판사의 계약서는 아무 관련이 없다. 그리고 지금 이 계약서는 서명하고 나면 다시 볼 일이 없도록 해야 한다. 두고두고 마음에 담아 두지 않도록 최선을 다해서 작성해야 한다.

최선을 다해 작성해야 할 이 계약서를 잠깐의 시간을 투자하여 제대로 읽어 보지도 않는다는 것은 내 권리를 스스로 포기하겠다는 이야기다. 그런데 생각보다 많은 작가가 계약서를 읽지 않는다는 사실을 알게 되었다. 몇 해 전 어느 문학상의 불공정 계약이 세상에 알려졌다. 수상자의 저작권을 일정 기간 출판사에 양도한다는 조항을 넣어 놓은 출판사도 놀라웠지만, 문제의 '대상 수락 및 합의서'를 수상 작가가 자세히 따져 보지 않고 서명했다는 대목에 더 놀랐다. 내 주변에서도 사후에 "그런 조항이 있었어?" 외치는 것을 여러 번 들었다. 설마 이런 자잘하고 다양한 불합리 조항이 있으리라 상상하지 못했기 때문일 거다. 게다가 신인일 경우에는 계약서에 대한 지식도 없고, 우선 책을 내고 싶은 마음이 앞서 이후의 불이익을 미처 생각하지 못하는 경우가 많다. 그러나 계약서는 이렇게 말한다. "계약서를 확인하지 않은 건 작가 너잖아. 너, 책 내고 싶었잖아, 너, 상 받고 싶었잖아. 이제 와서 할 말 있어?" 생각만 해도 소름이 돋는다.

우리 그림책계는 이미 커다란 사건을 통과해 왔다. 덕분에, 작가를 함께 오래도록 갈 동반자가 아닌 소모품으로 여기는 업계 관행에 대해 섭섭함을 느끼는 것조차 사치란 것을 알게 되었다. 저작권에 대한 존중을 기본으로, 계약서는 갑과 을, 서로에 대한 신뢰를 바탕 삼아 공동의 목표를 추구한다는 태도로 임해야 한다. "어떤 경우에라도 너의 등골을 확보해 두겠어."라는 메시지가 넘치는 계약서를 내미는 쪽은 그러나, 엄연히 존재한다. 그런 계약서를 내미는 쪽은 대개 "오해하지 말라."고 한다. 오해할 만한 일을 만드는 쪽이 주로 오해하지 말라고 하는 법이다. "작가님은 일만 열심히 하시면 되어요. 나머지는 우리가 알아서 처리할게요." 해 놓고서 뒤통수를 치는 부류도 여전히 존재한다. "나는 잘 모르니 알아서 잘해 주세요." 하고 맡겨 두었다가 나중에 내막을 알고자 들면 곱절은 힘들고 더 어렵다. 내 계약이므로 나는 모든 단계에 들어가 있어야 한다. 특히 요즘 같은 '원소스 멀티유즈'의 시대에는 더더욱 그렇다. 내가 이해할 수 없는 범위로 일이 번지고 확장되고 있는가? 물론 그런 상황이 와 주기만 해도 좋겠다고 말하는 이도 있겠으나, 언감생심, 나는 손을 격렬히 휘저으며 내가 파악할 수 있는 범위까지로 선을 그을 것 같다. 거대한 메커니즘의 구석에 낀 작은 톱니바퀴가 되어 "나는 누구, 여긴 어디?" 하게 될까 두렵기 때문이다.

작가들은 잘 모르겠는 항목에 대해선 반드시 질문해야 한다. 설명해 주지 않거나, 관행이라며 넘어가려 들면 의심해야 한다. 관행이란 없다. 계약서의 조항이란 언제든지 삭제, 수정, 보완이 가능한 항목이다. 이것은 최초에 누군가가 작성한 기준일 뿐이다. 내가 이렇게까지 하는 이유는 딱 한 가지다. 나는 계약서에 서명한 후에는 나의 최선을 다할 것이므로. 그러므로 나는 정당하게 대우받고 싶다. 오래전에 한 디자이너 선배가 혀를 차며 이렇게 말했었다. "이래서 예술가들은 안 돼. 딱 받은 만큼 일한다는 그런 개념이 없다니까." 맞다. 내가 받은 만큼만 정확히 제공하는 것 따위를 계산할 깜냥이 못 되는 우리는 결국, 넘치도록 최선을 다할 거다. 그러므로 지금, 여기 집중하여 깔끔하게 계약을 해 두어야 한다. 좋은 책을 즐겁게 잘 만들어 많이 팔자. 실은 제대로 된 출판사라면 출판사와 나의 목표는 같다.

여기까지 말했더니 가만히 듣고 있던 백희나 작가가 말했다.

> "그래요. 계약을 잘해야 하는 이유는 그런데 결국, '다음 책을 할 수 있기 위해서'에요."

눈물 없이 들을 수 없는 이야기다. 불공정 계약 따위로 날개가 꺾이고, 바닥 모를 무력감을 느끼면 이 일을 계속하기 어렵다. 우리는 근래에 이런 일 때문에, 항의할 방법이 이것뿐이라 절필하거나 심지어 세상을 등지는 작가를 지켜봐야 했다. 작업하는 자신을 잘 지켜 주시기 바란다. 다음 책 그리고 그다음 책…… 우리는 계속 작업을 하고 싶다.

시혜와
호의

예전에 그림책협회의 어느 행사 자리에서 공공도서관 관계자 한 분이, 어떤 기획을 하고 있는데, 저작권이 없는 이야기와 이미지를 찾으려니 한계가 있어 진행이 힘들다는 발언을 하셨다. 그 자리에 있던 작가들은 귀를 의심했다. 공공도서관에서 왜 저작권이 없는 콘텐츠를 찾아 헤매며, 작가들에게 저작권료를 지급하면 무슨 큰일이라도 나는 듯 한숨을 쉬며 말씀하시는가. 작가들도 한숨을 쉬었다.

창작자는 본인의 콘텐츠가 널리 사용되기를 바란다. 다만 정당한 절차와 경로를 통하기를 바랄 뿐이다. 저작권에 관해서 가끔 너무 기본적인 것이 서로 어긋날 때가 있다. 대개는 그림책에 대한 사랑이 넘쳐서 이 일들이 시작되는 것임을 잘 알고 있다. 이 콘텐츠가 좋아서 나누고 싶고, 널리 알리고 싶고, 다양한 방식으로 활용하고 싶은 마음이 넘쳐 나서 벌어지는 일일 것이다. 작가로서 그 마음은 정말 감사드리지만, 모든 창작물에는 그것을 만든 창작자가 존재함을 기억해 주셨으면 한다. 가장 좋은 것은, 그 어느 경우에도 서로가 '시혜를 준다.'라는 생각을 버리는 것이다. 대개 문제의 시작은, 제대로 묻지도 않은 채 '다 너를 위해서야.'라는 잘못된 사랑이다.

제보를 받았다. 아는 예술가가 일 때문에 자주 드나드는
어느 지방 도로 나들목에 있는 건물 외벽에 『파도야 놀자』
책의 표지가 커다랗게 걸려 있더라는 이야기를 전해 주셨다.
부탁드려 사진을 받고 보니, 그해 여름, 서울 광화문의 K사
건물 대형 글판에 걸렸던 이미지와 글귀를 어느 회사가 그대로
가져다 건물에 걸어 놓은 것이다. 원저작권자만의 문제가
아니라서 출판사를 통해 K사에 알렸다. K사는 다른 기관에서
사용하도록 허가 및 지원해 준 사실이 없다고 하며, 구두 경고와
내용 증명을 발송했다고 했다. 무단 사용한 회사는 설치물을
곧 내렸고, 철거 사진을 보내 왔다. 원저작권자가 저작권 침해
소송을 하려면 할 수도 있다고 전해 주었으나, 그쪽에서 바로
자진 철거했기에 거기서 일단락했다. 사진 속 설치물은 원안과
거의 흡사했지만 원안에서도 눈에 띄도록 크게 배치되었던
저작권표시는 쏙 빠져 있었다. 이 사건을 보는 마음은 미묘했다.
그분들은 광화문에 걸렸던 그 글과 그림이 참 좋았던 것일 테고
회사 직원들과 나누고 싶었을 거다. 그러나 정말 좋았다면,
원저작권자와 K사에 문의하고 정식으로 허락을 받았어야 했다.

한번은 인터넷 포털 사이트에서 『파도야 놀자』 이미지가
삽입된 배너 광고를 우연히 보게 되었다. 클릭해 보니 회원제로
운영하는 어떤 어린이 교육 회사로 연결이 되었는데, 『파도야
놀자』를 배경으로 한 영상 속에서 진행자가 내 책으로 많은
활동을 하고 있었다. 출판사가 연락하니 그 사이트의 운영자가
말하길, 본인들이 자체 프로그램을 개발했고, 『파도야 놀자』
책을 직접 구매하여 회원들에게 보내 주는 서비스를 하고
있는데, 무엇이 문제가 되냐고 반문했다고 하는 거다. 어이가
없었다. 창작자인 나는 당신들의 사업을 위해 저 책을 만든 것이
아닙니다만. 그쪽에서 개발했다는 활동지를 보니 내 그림책을
스캔 받아 사용한 것 같았다. 재미있는 점은 웹사이트의 어느
구석에서도 그들이 사용한 책의 창작자인 내 이름은 찾아보기
어려운데, 웹사이트와 활동지에 본인들의 저작권 표시는
명확히 해 놓았다는 점이다.

내 책 말고도 다른 국내 그림책 작가의 책이 있길래 해당 출판사들에 알려 주었다. 그런데 놀랍게도 해당 출판사들이 크게 반응하지 않았다. 너무 이런 일이 많아 무뎌진 걸까? 출판사가 민감하게 대처하지 않는다면, 작가의 권리는 누가 보호해 줄까. 하긴, 예전에 어떤 출판사가 저런 식의 독후 활동 책자를 만들어 돈 받고 판매하면서 몇 년이 지나도록 작가에게 알려 주지 않았고, 작가가 항의하자 판촉의 일환이었다며 유야무야했다는 일화를 들은 적이 있다. 출판사가 작가의 권리를 보호해 주기는커녕 작가를 이용하는 경우다. 교육 업체 사이트에게 당장 모든 이미지를 내려 달라고 요청했는데, 금방 시정되지 않았다. "당신의 책을 우리가 이렇게 활용해 주는데 고맙지 않나요?"라는 태도가 읽혀서 끝까지 대처하고 싶었던 사안이었다.

인터넷상에서 그림책 전체를 사진 찍거나 스캔 받아 올리는 경우도 많이 발견된다. 심지어 허락을 받거나 알림도 없이 그림책을 처음부터 끝까지 다 보여 주고 읽어 주는 동영상도 존재한다. 그림책은 책으로 읽히기 위해 세심하게 조율된 매체다. 작가는 그림책을 통해 독자를 만나고 싶다. 나의 강연에 오셨던 독자, 관객 여러분 중에 가끔 강연 자료를 하나도 빠짐없이 촬영하여 공개 블로그나 카페에 올리는 분들이 계신다. 기억하고 싶고 공유하고 싶은 마음은 충분히 이해하지만 강연 자료 안의 이미지도, 강연 내용도 저작자의 고유 콘텐츠이므로 저작권이 있다. 단체나 기관에서 협의 없이 강연을 동영상으로 촬영하여 공유하는 것도 불가하다. 강연비를 지급했다고 해서 그 녹화본에 대한 사용료까지 지급한 것은 아니다. 현장 강연으로 협의하고 강연하기로 했는데 현장 강연에 더하여 생중계에, 게다가 이후 해당 단체 홈페이지 동영상 업로드 예정이라고 쓰여진 홍보물을 뒤늦게 발견했다. 담당자에게 불가하다고 했더니 이런 답이 돌아왔다. "작가님의 이야기를 더 많은 사람과 나눌 수 있도록 호의를 베풀어 주세요."

졸지에 호의가 부족한 냉혈 작가가 되었다. 호의는 주최 측이 베푸는 것이다. 공유 서비스에 대해 미리 합의하고, 적절한 대가를 강연자에게 지급하면 될 일이다. 코로나 감염병으로 인한 비대면 강연이 늘고 복지 차원에서 콘텐츠들이 공유되는 경우가 늘어나면서 경계가 모호해진 면이 있다. 더 많은 사람에게 그리고 문화적 혜택을 누리기 어려운 곳에 서비스되는 것을 마다할 이유는 없다. 그러나 창작자는 내용을 만드는 것이고, 서비스는 주최자가 하는 것이다. 각종 지자체에서 강연자의 강연 동영상을 강연자의 동의 없이 기관 홈페이지에 올리는 경우가 왕왕 있다는 이야기를 들었다. 여러 패널이 함께 진행하거나 대담 형식일 경우는 또 다르지만, 기본적으로 그림책 작가들의 강연에는 많은 양의 이미지 자료가 있고, 이미지 저작권이 있으므로 영상을 촬영하는 경우는 합의 내용을 계약서에 명시해야 한다. 최근 잦아진 화상 강연도 마찬가지다. 화상 강연의 청중 규모도 미리 합의해야 한다. 오십 명 대상의 강연과 오백 명 대상의 강연이 똑같은 강연료일 수 없다. 주최 측이 많은 청중에게 서비스하고 싶다면, 그에 합당한 대가를 지급하는 것이 맞다.

# 4

네 개의

책
상

너의
약한 부분

미국에서 몇 개월 머무른 적이 있다. 직전까지 무척 시달린 느낌이 있어서 그 체류 동안은 아무것도 하지 않겠다고 생각했다. 아무것도 하지 않겠다고 했지만 계속 뭔가 하기는 했다. 하지만 오로지 내가 하고 싶은 일만 했다. 우리 가족이 머문 곳은 대학 도시여서, 학기 중에는 신나게 북적이고, 방학이면 유령 도시가 되었다. 방학이 시작되면 심지어 도심의 카페도 문을 닫았다. 도시는 느릿하고 심심했고 대학은 넓고 평화로웠다. 아이들 학교 보내고, 도서관이나 학생회관 어디든 조용한 구석을 찾아 들어 이어폰 꽂고 글을 쓰곤 했다. 집 앞에 대학 체육관이 있어서 체육관과 도서관, 동네 산책 그리고 집만을 반복했다. 또 이런 시간이 올까 싶을 정도로 조용한 나날이었고 아무도 나를 찾지 않았다.

대학 체육관에서 오전 시간에 요가 수업을 들었다. 요일마다 선생이 바뀌는데, 그날의 요가 선생은 한 시간 내내 거의 입으로 요가를 가르치는 청년이었다. 첫날만 기본 동작을 가르치고 그다음부터는 그냥 말로 지시만 하는 거다. 이게 제대로 된 동작인지 어쩐지, 모두 그냥 알아서 서로를 참조하며 자세를 잡았다. 그의 입은 잠시도 쉬지 않았는데, 동작을 지시하는 말이 반이고, 나머지 반은 요가를 인생에 접목한 본인의 철학을 풀었다. 나는 그를 어썸맨이라고 불렀다. 내내 "굉장해!Awesome!"를 반복했기 때문이다.

"네가 지금 팔을 더 굽히고 싶은데 잘 안 되지? 굉장해! 괜찮아. 딱 그 지점이 너를 위한 오늘의 포인트인 거야. 안 된다고 좌절하지 마. 괜찮아, 거기까지만 해. 그게 인생이야."

한 시간 동안 "굉장해! 놀라워! 어마어마한데! 괜찮아."를 반복하는데, 계속 격려받는 느낌은 나쁘지 않았다. 그의 끝없는 인생론도 은근히 재미있었다. 뭐랄까, 동양 철학 입문자의 감동 고백 서사를 듣는 재미라고나 할까.

하루는 그의 한 구절이 귀에 꽉 들어왔다.

'와일드 띵'이라는 괴상한 이름을 가진 자세로, 엎드려서 한 다리를 들고 뻗어 꺾어서 뒤로 뒤집고, 한쪽 팔은 공중을 향해 뻗는 중이었다. 당연히 그 불안정함으로 인해, 바닥을 짚고 있는 다른 팔이 와들와들 떨렸다. 그는 크게 소리쳤다.

"불안정성, 불안정성!Instability, Instability!
엄청나게 떨리지?
너의 약한 부분을 느껴 봐.
새로운 곳이라서 그래.
새로운 곳에선 언제나 불안정함을 느끼지.
불안정함을 느끼지 않는다면, 그곳은 새로운 곳이
아니야!"

바닥을 짚고 부들부들 떨면서 생각했다. 뭐든지 그다지 낯설지 않은 나이에 대해서. 익숙함에 대해서, 조용하고 안전한 곳을 찾아 들어가는 것에 대해서. 지금 이 대학을 다니고 있는 수많은 스무 살들에 대해서. 여전히 낯설고 새로운 곳에 대해서, 여전한 나의 약한 부분에 대해서. 버티는 것에 대해서.

어쨌든 버티긴 버텼다. 사바사나 자세로 체육관 천장을 멍하니 바라보고 누워 있다가 헝클어진 머리를 손으로 빗고 주섬주섬 챙겨 집으로 돌아왔다.

꼭대기의
그것

"어린이 책을 하시니 좋겠어요."

어린이의 키가 반쯤 작으니, 어린이 책을 작업할 때는 반쯤은 쉬울 거로 생각하는 건가. 어린이 책이든 어른 책이든, 뭔가를 만들 때 수반되는 괴로움의 무게가 별반 다르지는 않을 거다. 잘 풀릴 때야 한정 없이 즐겁지만, 그렇지 않을 때는 머리를 쥐어뜯으며 우울의 늪으로 가라앉는다.

그럼 다음 질문으로 이어진다. "슬럼프는 어떻게 극복하세요?" "아…… 딱히 슬럼프는 없습니다." 이렇게 대답하면 순간 주변이 조용해진다. 이 말이 어떻게 들릴지 살짝 걱정되지만, 우울의 늪은 그저 창작 과정의 일환일 뿐, 그걸 따로 슬럼프라고 부르지는 않는다. 나는 그림책 일은 늘 즐겁다고 느낀다. 주로 우울은 작업하지 않을 때 온다. 그래도 질문자가 내 대답에 대해 여전히 믿을 수 없다는 표정을 짓고 있으면 조금 더 생각해 본다. 슬럼프가 있기에는 나 스스로에 대한 기대치가 그다지 높지 않은 건 아닐까. 그저 자잘하게 하고 싶은 게 많은 나란 사람은 그러느라 바빠서, 그냥 나의 이상과 나의 현실 간의 괴리를 따질 겨를이 없는 건 아닐까. 아이 키우느라 온갖 일상을 통과하며 작업하는 인생에 슬럼프까지 가지기에는 시간이 너무 없는 것 같은데…….

아니 그보다도 다른 직업은 몰라도 슬럼프가 오기에는,
그림책 작업은 뭔가 지나치게 발랄한 데가 있다는 생각이 든다.
그림책의 명랑한 내용을 말하는 게 아니다. 그 어떤 주제를
다루든, 어떻게 해서든 비죽 튀어나오는 그 생래적인 발랄함은,
아마도 그림책이 어린이에게서 왔기 때문일 것이다. 자잘하게
사소하고, 팔락팔락 즐겁고. 타고난 긍정성, 모든 걸 문득
가볍게 만드는 능력. 죽음 앞에서도 깃털처럼 가볍고 유쾌하게.
아아, 슬럼프 따위!

한참 선배인 한 그림책 작가의 소회를 들은 적이 있다. 오래전 본인이 일러스트레이션을 했던 그림책이 낭독되는 것을 지켜볼 기회가 있었는데, 그때 자신의 그림을 새삼스럽게 다시 보게 되었다고 했다. 당시에 본인의 그림에 대해 글 작가도 출판사도 오로지 칭찬만 해 주었기에, '그래? 그럼 내가 한번 완전히 파 주지!' 하는 마음으로 그렸는데 그 책을 오랜 시간이 흘러 다시 보게 되면서, 완전히 새로운 텍스트로 경험하게 되었다는 것이다. 그리고 저걸 저렇게 그리는 게 아니었다는 통렬한 자각이 들었다고 했다. 그때 나는 왜 저렇게 시야가 좁았을까? 왜 저렇게 완벽하게 그리겠다는 생각밖에 하지 못했을까?

(선배의 솔직함에 감동하였으면서, 가만히 못 있고 또 입을 열었지…….)

"그런데 혹시 지금은 작가님이 그런 완벽주의적인 성향을 다른 요소로 잘 가릴 수 있는 건 아닐까요? 최근에 내신 책도 제가 보면 완벽한 조율의 결과로 보여요. (옆에서 다른 선배 작가가 야, 너도 그래…….) 그런 건 그냥 그 사람의 성향 아닐까요?"

"아직도 뭔가 남아 있는 걸 자유롭게 털어 버리지 못해서 그래……."

"그걸 '자유롭게 털어 버리는 것'조차 기획할 수는 없는 거잖아요?"

"…… 수지 너는 '흥'이 있잖아. 꼭대기에 있는 그것."

이 무슨 선문답인가 할 수도 있겠으나, 나는 '꼭대기에 있는 그것'이라는 말을 듣고 멍해졌다. 아, 그거구나. 저렇게 표현될 수 있는 거구나. 내가 아득하게 느끼곤 했던 게 그것이었구나. 선배는 당시에 자신을 진정 신나게 하는 것이 무엇인지 몰랐던 것 같다고 말했다.

흥, 유희, 즐거움, 신나는 마음, 놀이 정신, 나를 가장 높은 곳까지 밀어 올리는 어떤 것, 달뜨는 마음……. 그 어떤 표현도 그다지 성에 차지 않는데, 차라리 '어린이다움'이라 말할 수 있을 법한 것, '꼭대기의 그것'이다. 문득 저 높은 꼭대기에 꽂혀 팔락이는 형형색색의 작은 깃발들이 보이는 것 같다. '즐겁다.'라는 기분이 없으면 작업이 나오지 않는다. 내가 독자의 자리로 돌아가도 마찬가지다. '즐겁다.'라는 기분이 느껴지지 않는 작업은 끌리지 않는다. 내가 속절없이 좋아하는 작가들의 책들은 책 내용의 즐거움과 관계없이, 작업하는 작가의 즐거움이 생생하게 전달되었던 것 같다. 잘 짜이고 일견 모든 것이 계산된 작업조차, 그가 쓰는 선 하나, 색 한 조각에서 작가의 신나고 부푼 마음이 느껴진다면 그 책은 좋았다. 여기서 뭘 이뤄 보겠다는 욕심이나 작가적 자의식, 현란한 기교 따위는 그 신나는 마음에 밀려나 흔적도 보이지 않는 책. 그런 그림책이 내 지갑을 열게 하고 기어이 내 책장 한 자리를 차지했던 것 같다.

그러니 그것이 어쩌면 오늘 내가 하는 작업의 지표가 될 수 있겠다. 꼭대기의 그것, 나는 오늘의 나부끼는 오색의 작은 깃발들을 느끼고 있는가? 한번 점검해 볼 일이다.

원더풀니스

2018년 이탈리아 볼로냐 어린이 책 도서전에 간 것은 《뉴욕타임스》 어린이 책 상 65주년 기념 컨퍼런스에 토론자로 초대받았기 때문이다. 2008년에 『파도야 놀자』가, 2010년에 『그림자놀이』가 《뉴욕타임스》 어린이 책 상에 선정되었다. 미국 출판사들은 상대적으로 볼로냐 도서전에 덜 참가하는 것 같다고 했더니, 한 미국 교수는 "아마도 우리는 우리 책들 보기에도 바빠서."라고 대답했다. 미국 내에서 매년 엄청난 신간이 생산되고 소화되니 그럴 법도 하다. 미국의 그림책 상 중 칼데콧상은 미국 국적 작가의 책만 후보가 될 수 있지만, 《뉴욕타임스》 어린이 책 상은 미국 내에서 출간된 번역서와 함께 외국인 작가도 후보가 된다. 그리하여 《뉴욕타임스》 어린이 책 상 덕분에 당시의 내 책들도 잠깐 수면 위로 올라올 수 있었던 것 같다. 어쨌거나, 볼로냐 도서전이 재밌는 건, 기세등등한 영미권 출판사들이 적어도 이곳에서는 살짝, 옆으로 밀려나는 인상을 준다는 점이다.

오래전《뉴욕타임스》어린이 책 상에『파도야 놀자』와 『그림자놀이』가 선정되었다는 소식을 처음 전해 듣고는 뭔가 좋은 일이라는 느낌적인 느낌뿐, 한창 싱가포르에서 어린아이 둘과 씨름하고 있었을 때라 실은 잘 기억이 나지 않는다. 그때는 '상'이 아니었고 '선정 목록'에 포함되었다는 느낌이 강해서 더 그랬는지도 모르겠다. 제목도 너무 길었다. 남편은 한동안 나를 부를 때 장난처럼 "어이, 뉴욕타임스베스트일러스트레이티드칠드런스북스오브투따우전드에잇앤드투따우전드텐 위너, 밥 먹자."라고 숨도 쉬지 않고 붙여 말하곤 했다. 그 명칭 뒤에 이제는 '상'이 붙었다. 심사도 예술가들과 뉴욕 공공도서관 사서들이 공동으로 주재하는 형식으로 바뀌었다.

《뉴욕타임스》의 어린이 책 분야 편집장의 사회로 레오나르도 마커스의 강연이 시작되었다. 그간의 수상 목록을 훑어보며 상의 경향성을 짚어 보는 내용이었다. 65년 전, 정확히 어떻게 시작되었는지는 알 수 없지만, 지극히 예술가의 관점에서 '당대의 가장 아름다운, 그리고 당대에 가장 진보적인' 책들을 선정하는 전통이 계속 이어져 왔다고 했다. 마침 그 자리에 심사 경험이 있는 사람이 셋이나 있어, 관객석에 앉아 있다가 갑자기 앞으로 불려 나와 즉석 토론이 이어졌다. 청중 중에는 일러스트레이터들이 많아서 더욱 구체적인 답변을 요구하는 질문들이 이어졌다. "심사할 때 가장 크게 고려하는 것이 무엇인가요? 당신을 놀라게 하는 작품일까요?"

사실 하나 마나 한 질문이므로, 나올 대답도 마찬가지였다.
그래도 질문이 나왔으니, 심사위원의 경험이 있는 모두가
돌아가며 나름 답변을 했는데 그중 가느다란 목소리의 그림책
작가 폴 오 젤린스키의 대답이 가장 인상적이었다.
"심사위원으로서 내가 찾는 것은 놀라움(Surprise)이 아니라,
매혹(Wonderfulness)!"

'매혹'이라 붙여 보았으나, '원더풀니스'는 그냥 그 말 그 자체가
원더풀하여 어찌 번역해야 할지 모르겠다. 그림책의 페이지를
넘기면서 조금씩 쌓여 결국 독자의 마음에서 폭발하는
총체적인 경이로움이라고나 할까. 더불어 후보작들을
하나하나 대하면서, 심사위원으로서의 자신이 어떻게 그 책에
반응할지에 대한 기대를 본다고 답했다. 공감되는 이야기이다.
우리 작가들도 독자로서 다른 이의 새로운 그림책을 펼치며
매혹당하기를 기대하지 않던가? 아이들도 그 안에 펼쳐질
근사한 세계에 대한 기대로 책을 연다. 물론 아주 실용적인
조언이라 할 수는 없겠지만, 그냥 저 표현만으로 나는 마음이 또
부풀어 오르는 것 같았다. 원더풀니스, 그것이 어쩌면 우리가
가는 여정이며, 궁극적 목표 아닐까.

실은 이런 이야기를 들으러 볼로냐에 오는 것이다. 비행기를 갈아타며 고단한 여정으로 도서전으로 가는 기분은 뭔가 항상, 태풍의 중심부로 들어가는 느낌이곤 했다. 그 당시의 모든 이슈와 이슈 메이커들이 모두 모여 있는 그곳으로. 나는 이 그림책 동네가 돌아가는 양상이 늘 궁금하고, 어쩌면 그게 궁금해서 그림책을 하는 것 같다는 생각이 들기도 한다. 어차피 다 사람이 하는 일이니, 이 업계에 종사하는 사람의 생각과 말이 궁금하다. 그러므로 가능한 많은 만남을 도모하고, 빽빽한 일정표에 동그라미를 쳐 가며 각종 대담과 세미나를 듣는다.

볼로냐에서는 그해 어떤 책이 주목받는지, 전반적인 경향성이 한눈에 보인다. 물론 트렌디함이 판매 실적을 담보해 주는 것도 아니고, 트렌디하지 않다고 좋은 책이 아닌 것은 아니다. 하지만 시대의 경향을 훑어보면서 결국 나로 돌아와 내 작업을 객관적으로 한 번쯤 바라보게 되는데, 그런 감각을 담아 두는 것은 어떻게든 도움이 된다. 나에게 볼로냐는 살아 움직이며 계속 변화하는 하나의 텍스트이다.

이번 컨퍼런스가 열리는 장소에 가서 안내된 자리에 앉고 보니, 좌청룡 우백호처럼 좌 시드니 스미스, 우 베아트리체 알레마냐가 옆에 있었다. 그야말로 동시대의 현업 작가들이 오가는 뜨거운 장소이다. 우리는 서로에게 팬심을 고백했고, 짧게나마 마음을 교환했다. 볼로냐는 그림책을 하는 서로를 확인하고 응원하는 장소이기도 하다. 책 만드는 세계의 다양한 사람들. 출판사 부스의 크기는 다른지 몰라도 열정은 다르지 않다. "아직 살아 있군요, 올해도 당신들은 좋은 책을 만들어 왔군요!" 내 여행용 가방은 터져 나갈지라도 매해 세상 처음 보는 원더풀한 책들을 쓸어 담는다.

그런가 하면, 그때는 그렇게 주목받고 어디서나 보이던 이름의
작가들이 어느새 보이지 않는다는 것을 문득 알아차릴 때
조금 서글프다. 여전히 새롭고, 지속해서 의미를 주는 작업은
생각보다 많지 않다. 상이란 것은, 그것이 아니었으면 조명되지
못할 구석을 아름답게 비춰 주기도 하지만, 훗날 돌이켜 보았을
때 허무하기도 한 것이다. 상이 독이 되는 경우도 적지 않다.
상을 받고자 한다고 받는 것도 아니고, 안 받고자 한다고
안 받는 것도 아니다. 그러므로, 어느 구석에서 발견될 나의
원더풀니스를 기대하면서, 표표히 내 길을 걸어가는 것일 뿐.

찻잎

동료의 책이 출간되었다. 내가 잘 아는 작가의 책이 나왔거나 혹은 참 괜찮다 싶은 신간을 손에 들면, 그 과정에 담겼을 작가의 시간이 한순간 차르르륵 두루마리 펼치듯 스쳐 보이는 듯하다. 얼마나 애썼을까. 얼마나 여러 번 손보고 고쳤을까.

작업 중 판단이 잘 안 설 때 내가 몇 개의 안을 내놓고 마침 지나가는 남편을 붙잡아 앉혀 놓고 물어보면, 남편은 금방 고른다. 어차피 네 마음대로 할 텐데 뭘 물어보냐는 표정으로. 좀 지나치게 빠른 답변 속도에 도끼눈이 되긴 하지만, 실은 나도 크게 개의치는 않는다. 동료에게 책이 안 풀리는 지점을 내놓고 묻다 보면, 대개는 내가 내 답을 그저 확인하는 중이란 것을 깨닫게 된다. 분명히 처음에는 "난 정말 모르겠어! 어느 쪽이 낫겠어?" 하고 시작했는데, "그러니까, 그래도, 이편으로 가는 게 낫겠네. 그렇지? 안 그래? 그런 거지? 그렇잖아?!?!"를 외치고 있는 거다. 보람 없이 무수히 내 말을 들어 준 이들에게 사랑을 보낸다. 끝을 알면서도 잠자코 듣고 있어 주었던 당신들에게 나의 사랑을.

이 동료 작가도 그랬다. 거의 다 된 책을 보여 주며 나에게 물었었다. 나는 최선을 다해서 대답했다. 그런데 막상 출간된 그의 책을 보니, 그가 내놓은 객관식 중에 내가 해제까지 붙여 가며 고른 답의 반대로만 선택한 흔적이 보인다. 킥킥 웃음이 난다. 어차피 제 마음대로 할걸, 뭘 물어보셔? 괜히 길게 대답해 줘서 그의 선택에 괴로움을 보태 준 것 같기도 하지만, 그는 아마도 내가 이게 낫겠다 하니까 다시 깊이 생각해 보고, 이것이 아니어야 할 명백한 이유를 찾은 것이 분명하다. 생각해 보면, 아무것도 아니었던 작은 씨앗에 불과했던 아이디어가 이토록 수많은 선택의 과정을 거쳐 결국 한 권의 책으로 완성되어 나온다는 것은 기적과도 같은 일이다. 한 권 낼 때마다 매번 내 인생관과 창작관은 여러 번 의심되고 뒤집혀 너덜너덜해진다. 그러므로 누구의 무슨 책이든, 책이 새로 나왔다는 소식을 들으면 일단 부럽다. 무슨 책인지 알아도 부럽고, 몰라도 부럽다. 그렇게 징글징글한 시간을 다 보내고 그 끝에 책이 '나왔다.'라는 사실이 부러운 것이다.

오랫동안 함께 일했던 미국의 편집자로부터 가끔 메일을 받는다.
"요즘 뭔가 준비하고 있는 작업이 있는지 궁금하네.
I am wondering if you have any new projects brewing."

'우려내다'라는 단어는 참 적절한 표현이다. 뭔가 찻잎이 따뜻한 물속에서 우러나면서 만드는 황금색 아지랑이를 보는 것 같기도 하고, 진한 커피 물이 넓적한 유리 주전자로 똑, 똑, 떨어지는 소리를 듣는 것 같기도 하고, 양조장에서 익어 가는 구수한 술 냄새가 코끝에 감도는 것 같기도 하고……. 내 마음속에 있는 다음 작업의 아이디어가 물기를 한껏 빨아들이며 맛을 낼 준비를 하는 상상을 하다가 번쩍 정신이 든다. 아아, 다음 작업이라니. 내가 차 망에 찻잎을 떠 놓았던가? 텅 빈 거름망에 물만 떨어지고 있던 것은 아닌가? 찬장에 찻잎은 많이 쟁여 뒀다고 생각했는데, 유통기한 지난 차 상자만 잔뜩 쌓여 있고 막상 마실 만한 신선한 찻잎은 없는 것 아닌가?

"열심히 궁리 중입니다요." 하고 궁색하게 답장을 보내자마자 메일이 하나 더 온다. "혹시나 해서 알려 주는데, 네가 저 날짜에 책이 나오길 바란다면 이 날짜까지는 원화가 도착해야 해."라고 쓰여 있다. 미국은 미리 잡은 연간 계획에 맞추어 진행하기 때문에 시기를 잘 못 맞추면 발간 시기가 몇 년은 그냥 밀려 넘어간다. 그러므로, 정말 꾸준히 책을 내는 작가들은 대단하다는 생각이 든다. 계속 프로젝트를 겹쳐 가면서 끊임없이 작업하지 않고서는 할 수 없는 일인 것이다. 작업도 리듬을 탄다. 계속하는 사람이 계속할 수 있다.

책 한 권 출간되면 한 일주일 즐겁다. 그러고는 다시 정적이 찾아온다. 원래 예정되어 있었던 다음 걱정으로 넘어간다. 내가 스스로 월급 주고 땔감 넣는 이 생활은 아무도 쉬라고 해 주지 않는다. 하지만 그런 생각일랑 한 일주일 좀 더 접어 두고, 이제 책이 막 나온 내 동료 작가는 지금, 이 순간을 누렸으면 좋겠다. 그래 봤자 차 한 잔의 시간. 이 차가 식기 전에 느긋하게 자신의 노고를 위로하고, 금방 사라질 차의 덧없는 향기를 충분히, 음미했으면 좋겠다. 수고했고, 축하한다.

나의 영감은
노르웨이

아이들이 음악을 크게 틀어 놓았다. 서로 좋아하는 노래를 번갈아 듣다가, 산이가 갑자기 '아하a-ha'의 「테이크 온 미Take on Me」를 재생했다. 이 노래를 어떻게 아는지 물었더니, 그즈음 인터넷상에서 가장 흔한 밈(리처드 도킨스의 『이기적 유전자』에서 문화의 전파를 설명하는 용어. 여기서는 인터넷상의 유행을 복제, 모방하는 대중문화)에 많이 쓰여 알게 되었다는 거다. 흠, 그렇다면 내 너희에게 원전의 미학을 선사하지. 초등학생 둘을 컴퓨터 앞에 앉혀 놓고 경건한 마음으로 그 노래의 뮤직비디오를 찾아 보여 주었다. 덕분에 나도 오랜만에 그 비디오를 제대로 다시 보게 되었는데, 곧 나는 충격과 경악에 휩싸였다. 강연 가서 "당신이 영감을 받은 작품은 무엇인가요?" 질문을 받을 때마다 무수한 그림책 제목을 주워섬기곤 했는데, 실은 나의 원천은 다름 아닌 '아하'였다는 사실을 깨달은 것이다.

내가 우리 애들만 했을 때, TV에서 이 뮤직비디오를 처음 보았다. 모르텐 하르케, 페울 보크토르사보위, 망네 푸루홀멘, 어느 북유럽 가구 이름 같은 풋풋한 노르웨이 3인조 신스팝 밴드의 화려한 전자 사운드와 그들의 뮤직비디오는 놀라웠다. 만화를 찢고 나온 남자도 충격적으로 잘생겼지만, 영상의 각각의 프레임을 베껴 그려 낸 후 이어 붙여 만드는 로토스코핑rotoscoping 기법 또한 충격적으로 멋졌다. 밴드가 연주하는 세트장의 배경은 만화적 선으로 가득 차 있고, 조각난 만화의 틀 안팎으로 현실과 환상이 교차했다. 순수예술이든 대중예술이든 '이런 건 처음이다.'라는 매혹은 시대에 획을 긋고, 훗날 비록 맥락 없이 재가공된 밈이 될지언정 세대를 넘어 살아남는 힘이 있는 것이다. 화면 속 무수하게 서 있는 네모 틀을 보면서 데이비드 위즈너의 『아기 돼지 세 마리』(이옥용 옮김, 마루벌, 2008)를 떠올렸다. 그 책의 영감도 여기 걸쳐 있는 게 분명해. 기회가 된다면 물어봐야지.

뮤직비디오의 내용은 이렇다. 카페에 앉아 있던 한 여자는 잡지 만화 속 주인공 남자의 윙크에 놀라는데, 그 순간 만화의 프레임 안에서 손이 쑥 나온다. 여자는 잠시 망설이다가 그 손을 잡는다. 오래전, 일본 문학 잡지 《군조》에서 의뢰받아 '토끼 굴'이라는 제목의 '책 속의 책'을 만든 적이 있다. 무료한 어느 일상의 회사원 책상에 난데없이 새까만 토끼 굴이 열린다. 그 안의 흰토끼가 검은 원 속으로 초청하지만, 주인공은 망설인다. 그리고…… 그냥 굴이 닫혀 버린다는 대략 허무한 이야기다. (모든 사람이 다 초대에 응하는 것은 아니다.)

남자의 손에 이끌려 여자는 만화의 공간으로 진입하는데,
그곳의 큰 거울 같은 틀 속에서는 실물 그대로이지만, 틀 밖으로
얼굴을 내밀면 그림이 된다. 현실의 여자와 환영인 남자, 혹은
그 반대가 교차하고, 그 교차점을 카메라가 빠르게 스쳐 지나가
그 경계를 특정하기가 어렵다. 마치 앨리스가 거울 나라로
들어서는 막을 확인할 수 없듯이 말이다. 거기 있지만 거기 있지
않은 경계를 통해 현실과 환상은 교차하며 서로를 발견한다.

다소 허세가 담긴 속도감 있는 드로잉 선과 움직임을 표현하는
보조선은 80년대의 팝적인 정서를 담뿍 머금고 있다.
이 뮤직비디오 발표 후 오마주와 패러디 그리고 표절의 차이를
몰랐던 한국의 한 음료수 회사가 따라 만들었던 광고의
민망함도 잊을 수 없다. 광고에서는 입시 미술풍 연필 선으로
묘사된 우리의 가왕이 그의 팬에게 음료 캔을 건네며 화목하게
끝나지만, 아하의 뮤직비디오에서는 간주 이후 이야기가
파국으로 치닫는다. 커피값을 내지 않고 사라진 손님에 분노한
카페 주인은 그녀가 있던 테이블 위의 만화 잡지를 집어 들어서
잡지 안의 주인공들이 골절상 나도록 꽉꽉 구겨 쓰레기통에
던져 버린다. '구겨진 종이'라는 메타포는 좋은 장치이다. 종이의
매끈한 표면은 쉽게 구김이 가고, 한번 구겨지면 복구할 수
없다. 깨지고, 찢기고, 구겨지는 종이는 내 책 『거울속으로』와
『선』에서도 중요한 의미로 사용된다.

멍키 렌치를 든 추격자가 나타나고, 감히 허구의 공간을 교란시킨 주인공을 쫓아간다. 연약한 종이, 구겨진 미로를 따라 도망치던 둘은 막다른 길에 도달한다. 남자는 갑자기 크로켓 존슨의 그림책『해럴드와 보라색 크레용』(홍연미 옮김, 시공주니어, 2021)의 해럴드처럼 종이에 길을 낸다. 여자는 그 구멍으로 환상을 빠져나가지만, 본디 환영인 남자는 책 속에 남는다. 잡지가 버려진 쓰레기통 옆에서 정신을 차린 여자는 잡지를 들고 집으로 뛰어가고(결국 커피값은 안 낸 것 같다.), 서둘러 종이를 손으로 눌러 펴며 만화의 결말을 확인한다. 남자는 만화 칸에서 탈출을 시도한다. 그림에서 빠져나오려 몸부림치는 환영은 부서져라 공고한 틀에 자신을 부딪는다. 밴드 구성원 셋 중 결국 그는 탈출했으나, 나머지 두 명은 동요하지 않고 그 격정의 드라마 여기저기에서 배경처럼 서서 발랄한 따다다단단 딴딴따다다다 기타와 신시사이저를 연주한다. 그들은 '네가 보는 건 그래 봤자 팝 뮤직비디오일 뿐.'이라고 알려 주는 역할인 것 같다.

"엄마, 노래 끝났어." 아이들은 별 감흥도 없이 마당으로 나가 버렸지만, 나는 오랫동안 빈 화면을 응시하고 있었다.

아아. 그런 거였어. 나의 영감의 원천은 노르웨이였던 거야…….

아이에게
책을 주고 싶은
진짜 이유

그림책 작가는 참 다양합니다만, 그중에서도 저는 이런 작가입니다. '그림', '책', '작가'라는 말 그대로 그림의 힘이 이끄는 이야기를 책이라는 그릇에 담고, 짓고, 노는 사람이지요. 제 책을 읽어 주시는 여러분하고 같이 놉니다.

그림책 작가로서 저는 책이라는 매체를 무척 좋아합니다. 딱딱하고, 네모나고, 종이 냄새가 폴폴 나는 책 말이죠. 아기들도 책을 좋아하죠. 아기들은 책을 '먹으면서' 사랑을 표현합니다. 그래서 그 네 귀퉁이는 작은 이빨 자국과 침 자국으로 항상 젖어 있습니다. 그때까지만 해도 부모님들이 아직은 흐뭇하게 바라보시는 것 같아요. "맛있지?" 하면서요. 그런데 아이가 커 가면서 아이와 책과의 관계에 조금씩 조바심을 내기 시작하는 것 같아요. 뭐라도 좀 가르쳐야 할 것 같고 책이라도 좀 봤으면 좋겠는데 딴짓만 하는 것 같고…… '어떻게 하면 책을 보게 할 수 있을까?' 하는 생각이 드는 거죠.

아기들이 진지하게 책 보는 모습을 지켜보면 가끔 책을 거꾸로 보고 있기도 하죠. 사실 저 책 속에 있는 게 글씨든 그림이든, 제대로 보이든 거꾸로 보이든 뭐 별로 상관없는 거겠죠? 그냥 책이라는 물건이 좋은 것일 듯합니다. 아이들이 조금씩 커 가면서 책 읽는 모습을 눈여겨보면, 가끔 정말 어처구니없는 자세를 하고 책을 봅니다. 그 괴상한 자세가 세상에서 가장 편안한 것이라고 하면서요. 자유로운 자세로, 자유로운 마음으로 책 속에서 유영하고 있는데 부모님이 나타나서, "똑바로 앉아. 허리 펴고!" 하면 어떨까요. 아이는 저곳에 있지만, 저곳에 있지 않아요. 꿈과 현실의 경계에서 놀고 있습니다.

『그림자놀이』에서 아이는 창고에서 놀고 있습니다. 배경 속 어지러운 짐에 어른은 한숨이 나오겠지만, 아이는 반짝! 불이 켜집니다. 놀이의 시작인 거죠. 너무 반듯하게 정리된 집보다는, 좀 어질러진 집에서 큰 아이들이 상상력이 풍부하다고 하죠. (진짜이기를 바랍니다만.) 『그림자놀이』는 아래에서 위로 열리는 형태입니다. 책의 제본선을 중심으로 해서 위 세계는 아이의 현실 세계, 아래 세계는 아이의 상상의 그림자의 세계라는 설정으로 굴러가는 이야기예요. 아이는 항상 저 경계에 있습니다. 상상은 현실만큼이나 강렬합니다. 아이가 스스로 손그림자로 만든 새를 하늘로 날려 보낸 후, 입이 벌어진 구두가 늑대라고 생각하며 신나는 놀이에 빠져 있는데, 갑자기 또 부모님이 등장해서(왜 부모님은 꼭 이럴 때 등장하실까요.) "자, 오늘 밤에는 책장 두 번째 칸, 이 끝부터 저 끝까지 있는 책을 다 읽자."라고 하면 어떨까요.

책 읽기는 놀이입니다. 독서가 교육이 될 때 책 읽기가 시들해지기 시작하는 것 같습니다. 또 부모가 교사가 될 때 아이와 멀어지기 시작하는 것 같아요. 『소설처럼』(다니엘 페나크 글, 이정임 옮김, 문학과지성사, 2018)이라는 책에서 다니엘 페나크가 했던 멋진 말이 있습니다.

"교육을 전혀 염두에 두지 않았을 때 우리는 얼마나 훌륭한 교사였던가!"

아이가 어렸을 때 독서 교육의 목표는 뭘까요? 지식의 확장? 교양 함양? 혹은 아이의 상상력을 키워 주기 위해서 독서 교육이 필요한 걸까요? 글쎄요. 제가 생각하기에는 독서 교육의 커다란 목표는 아마도 그저, '책을 좋아하게 만드는 것.' 같습니다.

저는 어렸을 때 그림 좀 그리는 아이였습니다. 미술 시간에 그림을 그리면 자랑스럽게 높이 들었고, 그림이 꽤 자주 뽑히더라고요. 속으로 생각했죠. '혹시 난 천재인가? 혹시 난 화가가 될 운명인가?' 그런 생각을 하다가 엄마를 졸라서 동네 화실에 갔어요. 처음 화실에 갔던 날, 문 앞에서 가슴이 콩닥콩닥했던 기억이 납니다. 저 문을 열면, '진짜 화가'가 앉아 있겠구나! 그때 만났던 진짜 화가와의 이야기로 썼던 것이 『나의 명원 화실』이라는 책입니다. 진짜 화가는 하루에 몇 마디 안 하는 분이었습니다. 그런데 잘은 모르겠지만 말 없는 진짜 화가의 어떤 면이 그냥 좋아서, 뭘 배우는 건지 잘 알 수는 없었지만 일단 열심히 다녔습니다.

하루는 선생님이 오시더니, 거의 "오다 주웠어." 하는 느낌으로 선물을 딱 던져 주고 가시는 거예요. 열어 봤더니 그 안에 생일 카드가 들어 있었어요. 손수 사인펜으로 색색 점을 찍어서 그린 카드였죠. 그 카드를 처음 봤을 때의 느낌이 기억나요. 뭔가 목이 간질간질, 배가 저릿저릿, 마음은 따끔따끔. 그때 이런 생각을 했던 것 같아요. 나도 누군가한테 저런 따끔따끔한 느낌을 주는 그림을 그릴 수 있을까? 그러니까, 진짜 화가는 저에게 그림이란 커다란 어떤 세계를 그냥 '좋아하게' 해 준 거죠. 그림을 좋아하게 되면, 누가 안 시켜도 계속 그립니다. 책을 좋아하게 되면, 누가 안 시켜도 책을 계속 보게 되는 것이고요.

『그림자놀이』는 그림만으로 이야기가 굴러가는 책입니다. 글을 읽을 줄 알고 그림의 코드를 이해할 줄 아는 어린이나 청소년, 어른은, 읽을 글이 없으므로 오히려 그림을 자세히 살피고, 그림을 실마리 삼아 자기 마음속에서 만들어지는 이야기를 들어요. 그런 면에서 보면 '소리 없는 책'이라는 표현도 참 잘 어울리는 것 같아요. 반면에, 글자를 모르는 아이들에게는 소리 없는 책이 아니라, 세상 시끄러운 책이 되곤 하지요. 큰 소리로 자기가 만든 이야기를 신나게 들려주거든요.

언젠가 어떤 정유 회사에서 강연한 적이 있었어요. 한 남자 분이 물으셨어요. 밤마다 아이에게 책을 읽어 주시는데, 아이가 맨날 글 없는 그림책만 들고 온다는 거예요. 읽어 줄 글이 없어서 고민 끝에, 본인이 나름대로 이야기를 붙여서 들려주곤 했는데, 문제는 이게 매일 밤, 이야기가 조금씩 달라진다는 거지요. 그래서 결국 저에게 주신 질문은 "그래도 되나요? 이렇게 일관성이 없어도 괜찮나요?"였어요.

괜찮다니요. 너무나도 멋있죠. 하던 대로 쭉 하시고, 너무 부담을 갖지 말고 오히려 좀 즐기면서 읽어 주시라고 말씀을 드렸어요. 책은 그저 대화의 도구일 뿐이에요. 아이가 그 책이 그렇게 좋은 거겠어요? 사실은 아빠가 해 주는 매일매일의 이야기가 좋은 거고, 또 어떻게 해서든지 최선을 다해 이야기해 주려고 하는 아빠가 그저 좋은 것일 수도 있어요. 하나의 팁을 드린다면, 이제는 "네가 한번 얘기해 볼래? 네 생각은 어때?" 하고 좀 아이에게 역할을 넘겨 보시라는 말씀을 드렸습니다.

'네 생각은 어때?'라는 말은 놀이를 여는 말입니다. 제가 프랑스의 파리 도서전에 초대되어 작가와의 만남 행사를 했던 적이 있어요. 엄청나게 큰 무대에 프랑스 초등학생이 백 명 넘도록 계속 들어와서 앉더군요. 즐겁게 제 책 이야기를 하고 나서, "질문할 사람?" 했더니 거의 모두가 다 손을 들었어요. 일단 손을 들고, 그다음에 생각하는 것 같긴 했습니다. 질문은 거의 이런 식이었습니다. "작가님 어디 살아요?", "한국은 어디 있나요?", "작가님 몇 살이에요?"
그중 한 친구가 물었어요. "『파도야 놀자』에서 하늘이 처음에는 색깔이 없었는데 나중에 왜 파랗게 변해요?"
자 이제 문을 열어 봅니다. "너는 어떻게 생각하니?"
그랬더니 그 질문을 한 아이 옆에 있던 친구가 손을 들면서, "제가 알아요!" 하는 거예요. 그 친구가 말하길, "파도가 너무 세게 떨어지는 바람에 파란 물감이 튀어서 하늘이 파랗게 물들었어요!"라고 했습니다.
제가 뭐라고 그랬게요? "네 말이 맞아." 사실 그 대답이 참 멋있어서 눈물이 났어요.

그림책은 그런 것 같아요. 책이 열리는 순간부터 닫힐 때까지 아이와 무슨 이야기든 할 수 있습니다. 꼭 그림책이 아니어도 돼요. 어떤 책이라도 괜찮습니다. 사실 제 친구 하나는 아이가 매일 밤 지도책을 들고 와서 읽어 달라고 했대요. 지도책으로 무슨 이야기를 할까 싶습니다만, 그런데 둘은 그렇게 할 얘기가 많았다고 하네요. 집에 꼭 책이 많아야 하는 것도 아니에요. 아이는 정말 자기 마음에 드는 책 한 권을 강렬하게 경험하게 되면 책을 읽는다는 것을 무척 즐거운 것으로 생각하게 되고, 그러면 당연히 책을 좋아하게 되는 거죠.

자, 이제 아이가 책을 좋아하는 것 같아요. 그러면 이제 아이의 손을 잡고 동네 책방에 가세요. 책방에 가서 아이를 위해서 한 권을 골라 주시고, 그다음에는 아이가 스스로 한 권을 고를 수 있게 해 주세요. 아이가 차마 눈 뜨고 볼 수 없는 책을 가져와도, 웬만하면 그냥 사 주세요.

저희 아이가 썼던 '나를 설레게 하는 10가지'를 보여 드릴게요.

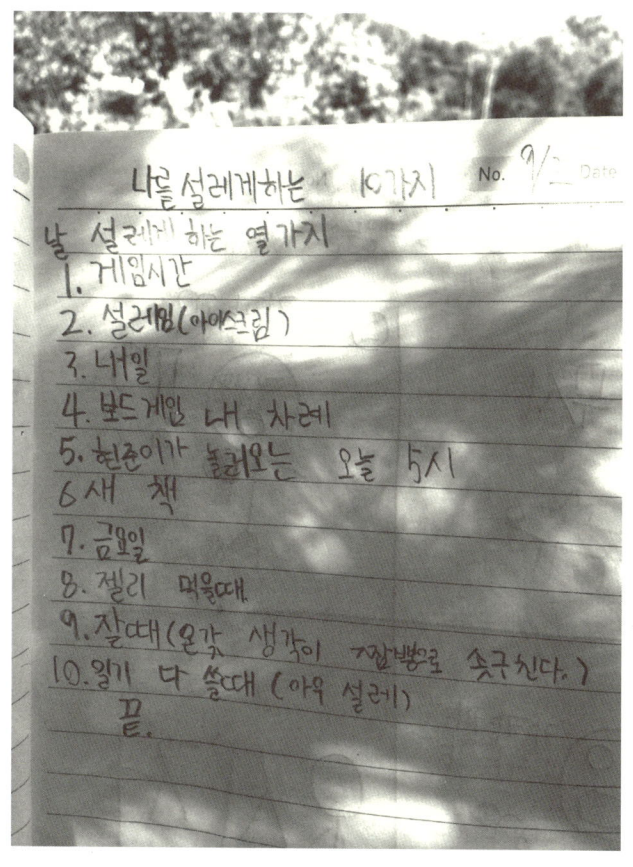

첫 번째, 게임 시간. 당연하죠. 두 번째는 아이스크림
이름이네요. 세 번째는 '내일'입니다 내일이 설레는 아이예요. 쭉
넘어가서 사실 제가 보여 드리고 싶었던 것은,
여섯 번째, '새 책'.

'내가 고른 책'이라는 것만큼 '내 것'이라는 느낌이 드는 물건도 없는 것 같아요. 책이라는 것은 항상 내 곁에 있는 것이고, 언제든지 내가 원할 때 쉽게 구할 수 있는 것이라는 것을 경험으로 알려 주셨으면 좋겠어요. 좋아하는 책이 생기면, 그 책의 작가를 따라가면서 작가의 다른 책들을 또 읽어 보게 됩니다. 그럼 이제 도서관에 가도 헤매지 않고 어느 쪽 책꽂이로 가야 할지 알 수 있게 되는 거죠. 책을 고를 줄 알게 된다는 것은 자기가 좋아하는 게 뭐고 싫어하는 게 뭔지 알게 되는 것이고 그렇게 성장한 아이는 나중에 어른이 돼서도 스스로 가장 행복하고 즐거울 방법을 찾을 수 있는 길로 나아가게 되겠죠. 이것이 우리가 아이에게 책을 줘야 하는 진짜 이유라고 생각합니다.

노래를 만들고 부르는 루시드폴의 「물이 되는 꿈」 노래에 제가 그림을 그려서 만든 책이 있습니다. 그 가사처럼 노래는 물처럼 자유롭게 흘러 한 바퀴 돌아서 다시 제자리로 돌아옵니다. 그래서 책도 이렇게 병풍처럼, 옆으로 쭉 흘러가게 했어요. 이 책의 독자는 정말 다양합니다. 다양한 독자만큼, 책을 보는 방식도 무척 다양한데요. 어떤 분들은 책에 인쇄된 큐알코드로 음악을 틀어 놓고 두 페이지씩 펼치며 음악과 맞춰 가면서 보시기도 하고, 어떤 분들은 그냥 길게 다 펼쳐 놓고 보기도 해요. 그런데 아이들은 하나같이 책을 펼쳐 동그랗게 집을 지어 놓고 그 안에 들어가서 앉거나 누워서 책을 보더군요. 그런 모습을 보니 '정말 책은 각자의 방식대로 즐기는 것이구나.' 하는 생각이 들었어요.

그렇게, 책을 즐기셨으면 좋겠습니다. 가장 자유로운 태도와 마음으로 책 속에서 헤엄치셨으면 좋겠습니다. 그러다 보면, 제 책의 깊은 곳 어딘가에서 문득 저를 만나실 수 있겠죠. 작가로서 그보다 더 좋은 일은 없을 것 같아요.

출처: 유튜브채널, 세상을 바꾸는 시간 15분, 2019

오독의
즐거움

아이들과 만나는 자리에서 『거울 속으로』를 함께 읽었다. 주인공이 반사상과 함께 책의 제본선 사이로 사라졌다가 다시 등장한 후부터, 둘은 반전 방향이 아니라 같은 방향으로 움직인다. 거울의 법칙이 깨진 것이다. 아이들에게 물었다. "여기 애들이 책 한가운데에서 나온 지금, 뭔가가 좀 바뀐 것 같지? 그 전과 무엇이 달라졌을까?"

한 아이가 고민 끝에 말했다.

> "제 생각엔…… 왼쪽…… 왼쪽 아이의 다리가 조금 더 길어진 것 같아요!"

아…… 왼쪽 아이의 다리가 조금 더 길어졌나……? 생각지도
못했다. 나의 독자는 뭔가 정확하게는 모르겠으나 시나브로
달라진 점을 열심히 찾아, 한번 시도해 본 거다. 그렇게 듣고
보니 정말, 왼쪽 아이의 다리가 조금 더 길어 보이는 것 같기도
했다. 글 없는 그림책은 무엇을 봐야 하는지, 그 볼 것들을
어떤 순서로 봐야 하는지조차 독자에게 맡긴다. 앞 페이지에서
얻은 실마리와 다음 페이지에서 더해진 맥락을 느끼며 독자는
스스로 이야기를 만들어 간다. 그러므로 오독의 가능성도
무궁무진하다. 애초에 이야기를 이러하게 읽어야 한다는
정답은 없으므로 당연히 오답도 없고 그러므로 어쩌면
오독이란 말은 적절치 않을 수도 있겠지만.

김지은 아동문학 평론가가 존 아노 로슨과 시드니 스미스의 글
없는 그림책 『거리에 핀 꽃』(국민서관, 2015)에 관해서 흥미로운
해석을 들려준 적이 있다. 주인공 아이가 뒷마당에서 꽃밭으로
걸어 나가는 마지막 장면이 마치 아이가 지상을 떠나는 것처럼
느껴져서, 어쩌면 이 아이가 원래 살아 있는 아이가 아닐지도
모른다는 거다. 아이는 마지막으로 가족에게 하나하나 인사한
뒤 사랑의 표현으로 꽃을 남기고 떠나는 영혼일 수도 있다.
그 이야기를 듣고 책을 처음부터 다시 읽어 보니 완전히 다른
이야기가 되었다.

이 그림책의 한국판 표지에는 '존 아노 로슨 기획·시드니
스미스 그림'이라 쓰여 있다.(영문판은 역할의 구분 없이 두
작가의 이름만 있다.) 글 없는 그림책은 보통 한 명의 창작자가
기획과 동시에 그림으로 이야기를 만드는 경우가 대부분인데,
이 책은 독특하게도 기획과 그림이 따로 존재했다.

예술가는 모든 퍼포먼스의 기획자로 남고, 그 기획을 실현하는 다른 실행자가 있는 현대미술 같기도 했다. 기획자는 어디까지 이야기를 책임지는 걸까? 그림 작가는 어디까지 최초의 기획을 확장할 수 있는 걸까? 매우 흥미로운 질문들이 솟아났다. 그런 생각을 내 블로그에 적어 두었다. 다음 날 이메일을 하나 받았는데, 발신자는 놀랍게도 존 아노 로슨이었다. 그가 검색하다가 우연히 내 블로그를 보게 되었고 글을 읽어 보고 싶었으나 한영 번역기의 한계를 넘어서지 못해 결국 궁금함을 참지 못하여 이메일을 보내게 되었다는 내용이었다.

이런 재미있는 일이 생기다니! 그래서 얼른 그에게 김지은 평론가의 해석을 전하면서, 혹시 해당 장면에 그런 의도가 있었는지 물었다. 다시 답장이 왔다. 전혀 의도하지 않았지만, 이렇게 시적이고 슬픈 해석은 처음 들어 본다고 했다. 원래 본인의 기획에서는 아이가 다시 흑백의 도시로 돌아가며 끝나는 것이었으나, 시드니 스미스는 아이가 꽃밭으로 걸어나가는 것으로 결정했다고 했다. 책은 존 아노 로슨 본인이 사는 캐나다 토론토를 배경으로 하고 있지만, 시드니 스미스는 노바스코샤 시골에서 자랐고, 그래서 그의 상상 속에서는 가족 없이 마당에서 들판으로 나가는 일이 자연스러웠을 수도 있지 않겠냐는 이야기였다. 어쩌면 시드니의 내면을 상징하는 것일지도 모른다는 그의 해석을 덧붙였다.(두 사람은 책이 출간된 후에서야 어느 강연장에서 몇 번 만났다고 했다.)

존 아노 로슨이 빼곡히 쓴 초기 기획 원고를 읽어 보니, 아이의 나이, 자세한 상황 묘사 그리고 주인공이 걷는 토론토의 거리나 건물, 다리 등의 구체적인 이름이 적혀 있었다. 색의 사용도 지정해 두었다. 글만 보아도 그림이 떠오를 만큼 상세한 묘사였다. 노트 말미에는 주인공 아이가 따서 모으는 꽃, 도시의 보도블록 사이에서 필 만한 구체적인 꽃의 명칭과 색깔을 적어 둔 목록도 있었다. 이 이야기가 자신의 아이와 걸었던 어느 날의 실제 이야기라며 정확한 산책의 날짜까지 써 두었다. 어떤 글 없는 그림책으로 만들어질지 그가 기대를 담으며 맺은 문장이 인상적이었다.

"나는 이 이야기를 그림처럼 떠올릴 수 있었지만, 그림으로 담아내는 능력은 없었습니다. I could picture it, but wasn't capable of capturing it in pictures."

이 모든 게 아름답다는 생각이 들었다. 동시에 글 없는 그림책의 '원고'를 보낸 글 작가의 마음은 어떤 것이었을까 생각해 보게 되었다. 그 원고가 완성된 그림책으로 돌아왔을 때 처음 받아 본 느낌은 또 어떤 것이었을까? 아무리 구체적인 지침이 주어져도 그 모든 것을 종합하여 살아 있는 이미지로 만들고, 그 이미지에 생기와 리듬을 주어 이야기다운 이야기를 만드는 것은 그림 작가의 몫이다. 이야기 속 풍경, 색감과 온도는 그를 통과해 나온 어떤 것이다. 가장 개인적이면서 보편적인 이야기의 풍경이 펼쳐질 것이고, 어쩌면 기획에서 꽤 중요했을 어떤 에피소드는 그림이 전하는 이야기의 논리에 부합하지 않는다면 다뤄지지 않을 수도 있다. 글 작가의 기획은 그림 작가의 해석을 거치고 또다시 다양한 독자의 해석을 통과해서는, 어쩌면 맨 처음 출발점과 전혀 다른 이야기로 도착할 수 있다.

이 일화는 글 없는 그림책이 가진 독특한 가능성을 잘 드러낸다. 글 작가와 그림 작가, 혹은 창작자와 작품, 그리고 그 작품과 작품의 향유자 사이에는 끊임없는 교류와 단절이 있고 그 과정에서 누락과 비약이 생겨난다. 이문재 시인이 말했다. "하나의 의미만을 전달한다면 그것은 시일 수 없다. 좋은 시란 오독 가능성이 큰 시다." 글 없는 그림책이 만드는 다양한 해석의 영역, 오독이란 말조차 불필요한, 자유롭고 풍부한 이야기의 세계를 사랑한다. 하나의 의미만을 전달한다면 그것은 그림책일 수 없다. 그림책 안에서만이라도 잠시, 우리는 참으로 자유로워질 수 있다.

어쩌고 월드

Q.
일러스트레이터로 일할 때, 자기 것을 중요시하는
'작가주의'는 어느 정도 필요하다고 생각하시나요? 혹은
불필요하다고 생각하시나요?

A.
스스로 작가라는 의식이 없는 작업은 후집니다.
작가의 자아만 너무 보이는 작업도 후집니다. 좋은
작업과 후진 작업, 두 가지만 존재할 뿐이지, 그 작업이
'작가주의'적인지 아닌지는 중요하지 않은 것 같습니다.
주어진 조건(매체의 한계, 클라이언트의 요구, 마감 시간
등)이 늘 좋은 작업을 방해하는 요소만은 아닙니다.
제한과 조건이 없는 일은 없습니다. '자기 것'은 주어진
조건 속에서 발견되고, 만들어집니다. 우리가 위대하다고
하는 작업은 주어진 조건을 이용해 그 틀 자체를
바꾸거나 확장해 버린 것들이곤 하지요. 그다음에는 그저
조율입니다.

출처: 『영혼을 잃지 않는 일러스트레이터 되기』 중 이수지 인터뷰에서.
(데럴 리스 지음, 안우정 옮김, 세미콜론, 2012, 절판)

질문에 들어 있는 '작가주의'라는 단어가 못마땅했던 모양인지, 어째 동문서답이다. '작가주의'는 1950년대 프랑스의 누벨바그 운동이 자본의 영향력이 막대한 주류 영화를 비판하며, 영화감독이란 스타를 화면에 그럴듯하게 담아내는 장인이 아니라, 작품에 대하여 총체적으로 예술적 통제력을 가지는 존재인 '작가Auteur'와 같다고 칭한 것에서 비롯했다. 한동안 우리 그림책 계에서 작가주의라는 말이 일정 시기 쓰이다가 사라졌다. 작가가 곧 예술인 순수예술계나, 고용인과 피고용인의 관계가 기본인 상업 예술계에는 작가주의라는 개념이 없다. 그러므로 작가주의는 예술성과 상업성이 애매하게 겹치는 영역에 슬그머니 등장해 각자의 입맛대로 쓰였던 단어가 아닐까 의심해 보게 된다.

아마도 우리나라에서 창작 그림책이 본격적으로 나오기 시작할 무렵, 그림책을 바라보는 두 가지 마음이 담겨 사용되었던 게 아닐까 싶다. 작가의 오리지널리티를 강조하고 어린이 책의 규범에서 벗어나 보다 자유로운 그림책을 만들고 싶어 하는 쪽에서 모든 창을 막는 방패처럼 사용하거나, 작가가 보고 싶은 것 말고 어린이가 보고 싶어 하는 그림책을 만들기를 기대하는 쪽에서 모든 방패를 뚫는 창처럼 사용했던 것 같다. 창과 방패라고 하긴 했지만, "나는 작가주의 그림책을 만든다."라고 스스로 선언하는 작가가 딱히 있었던 것 같지는 않다. 잘 안 팔리는 본인의 책을 위로하는 아주 소극적인 대처 정도로 쓰인 게 아닐까. '아직 세상이 나를 몰라주네……' 하면서 말이다. 혹은, 대개 뭔가 있어 보이는데 그게 뭔지는 모르겠고 잘 안 잡히지만 무시할 수는 없는, 어렵고 불편한 책들을 공격하기 위해 쓰이곤 했었다. 둘 다 아니라면 그저 '이 '작가'를 '주의'하시오.'라는 의미로 쓰였을지도…….

"우리 아이들에게 이런 작가주의 책만 줄 수는 없다."라든가 "해외 도서전에서 상 받는 책들은 비평가만 좋아하고 아이들은 관심이 없다."라는 식의 평은 심심찮게 등장했다. "번지수를 잘못 찾았네요.. 왜 어린이 책 동네 와서 예술하나요.", "우리 애들은 그 책 안 좋아하던데요?" 이런 말들이 가장 뾰족한 창이었다. 그림책은 미취학 아동을 위한 책이었지, 0세부터 100세까지를 위한 책이 된 게 실은 최근의 일이다. 내 그림책도 엇갈리는 평을 받곤 했다. 흥미로운 것은 "작가님의 그림책은 어른들이 더 좋아해요."라는 말이 불과 몇 년 전까지는 힐난이었는데, 지금은 칭찬으로도 쓰인다는 점이다. 어쩌면 '작가주의'는 이 글을 쓰는 시점의 현재, '어른을 위한 그림책'이라는 표현으로 대체되어 쓰이고 있는지도 모르겠다.

작가주의란 말이 모호한 건, 작가가 한 말이 아닌데 작가에게 묻기 때문이다. 그러므로 작가들은 과도한 작가적 자세를 내면화하거나 불특정 다수의 요구에 부담을 느낄 필요는 없다. 외부의 잣대와 세간의 평가에는 시대의 경향이 있고, 유행처럼 그 의미도 쉽게 바랜다. 이 모든 것이 정작 창작자에게는 의미가 없다. 작가들은 스스로 솔직한 작업을 하려고 애쓰고, 만나고 싶은 대상을 향해서 갈 뿐이다. 만나고 싶은 대상에 대한 마음은, 일부러 애쓰지 않아도 책의 어딘가에 드러난다. 누가 뭐라든 결국 작가는 작가가 하고 싶은 것을 한다. 하고 싶은 것을 하는 것 자체가 문제는 아니다. 다만, 나만 알아듣는 이야기를 세상에 던지며 혹여 누가 관심을 주기를 바라지는 말아야 한다. 어린이를 생각하지 않고 작업하면서 어린이가 사랑해 주기를 바라서는 안 된다. 어린이를 생각하지 않는다고 해서 자동으로 어른을 위한 그림책이 되는 것은 아니다. 작가와 장인의 우열을 가리는 것도 의미 없다. 작가성을 강조한다고 더 예술적인 작업이 되는 것도 아니다.

영화감독의 생각에 공감하곤 한다. 아마도 말과 이미지를 동시에 다루어 이야기를 전달한다는 점, 혹은 일의 방식이 비슷해서일 수도 있겠다. 감독 본인이 오리지널 각본을 쓰고 찍기도 하지만, 다른 작가가 쓴 각본이 먼저 있고 그 각본을 낙점받아 영화를 찍어 내는 경우는, 마치 글 원고를 받아 그림을 그리는 일러스트레이터와 비슷해 보인다. 요즘은 편집 작업을 감독이 하지만 예전에는 제작사에서 편집했으니, 영화계의 작가주의는 그런 맥락에서 감독의 독립 선언처럼 이해할 만하다. 그러나 모든 것이 작가에게서 나와야만 작가주의가 가능하다는 생각은 들지 않는다. 좀 거칠게 말하자면, 작가는 어떤 작업이든 순도 100퍼센트로 들어 있다.

영화감독 고레에다 히로카즈가 들었던 '작가'와 '장인'에 관한 좋은 비유가 있다. 그는 다른 작가의 원작을 바탕으로 한 몇 편의 영화를 찍는 동안 '작가'보다는 '장인'이고 싶었다고 했다. 그의 표현에 의하자면, 제철 생선을 어떻게 요리하면 재료가 가진 맛을 살리면서 손님도 만족할 만한 요리를 낼 수 있을지를 궁리하는 것이 장인이다. 물론 본인은 스스로 각본을 쓰기도 하므로 그런 면에서 '작가'라고 불릴 수도 있지만 그래도 본인은 "어떤 재료라도 나의 프렌치 요리로 완성해 보이겠어." 같은 타입은 아니라는 것이다.

이렇게 말해 보면 쉽다. '무엇을 만들든, 이수지가 이수지해 보이겠어!'라고 생각하고 작업한다면 그 결과물은 참으로 끔찍할 것이 분명하다. 그게 앞서 언급된 작가주의라는 것이라면 빨리 폐기할수록 좋겠다. 바깥쪽을 향해 나의 세계를 넓혀 가면서 내가 만나고 싶은 독자와의 접점을 넓혀 가는 것, 그 순간에 내게 당면한 가장 어렵고 흥미로운 문제를 풀어 가면서 세상을 바로 마주 보는 것, 그것을 계속하다 보면 그냥 볼 만한 작업이 나오겠지 하면서 믿고 가는 수밖에 없다.

"만약 저의 세계관 안에서만 영화를 계속 만들어 나가면, 영화가 점점 축소 재생산되어 '어쩌고 월드'라고 불리는 세계 속에 갇힐 것 같습니다. 그보다 별로 접점이 없는 사람이나 사물 등과 만나서 만들어 나가는 편이 저 자신도 재미있을뿐더러 새로운 발견도 있습니다."

『영화를 찍으며 생각한 것』(고레에다 히로카즈 지음, 이지수 옮김, 바다출판사, 2022)

작가주의를 주의하고, 나와 세상, 그 둘 사이의 끊임없는 조율을 즐길 일이다.

귀엽지
않다

지방 강연가는 길, 서울을 벗어나 어느 면, 어느 소도시에
들어서면 어김없이 큰 머리를 이고 귀여움을 장착한 채
도로변에 서 있는 지방자치단체 마스코트들을 만나게 된다.
저 미감은 어디서 온 걸까? 해당 도시의 상징이나 특산물, 혹은
지향하는 가치 등을 의인화하느라 애쓴 것이겠으나, 작은
한숨이 나오는 이유는 아마 그 모습에서 풍기는 맥락 없는
긍정성과 영혼 없는 미소 그리고 근본 없는 귀여움 때문일 테다.
혹시 '저게 우리 사회가 생각하는 어린이 상인 건 아닐까?' 하는
생각에 이르면 슬슬 마음이 불편해진다.

"귀여워!"라는 말은 웬만한 상황에서 모두 쓸 수 있는 말이
되었다. 귀여움에도 여러 가지가 있겠지만, 대체로 귀여움은
해가 없고 위협적이지 않을 것이라는 안도감일 것이다.
"귀여워!"라고 말하는 사람은 그 귀여움의 대상보다 항상
우위에 있다. 그런 의미로 어린이 책을 만드는 사람들에게 이
귀여움이란 건 늘 생각해 보아야 할 중요한 문제이다.

해가 없고 위협적이지 않은 것에 더해, 귀여움의 대상은
자기 의견이 없어야 귀엽다. 의견이 있더라도 '귀여운 정도'의
의견이어야 한다. 그러므로 독립적이고 자기주장을 가진 진지한
여성 예술가가 되기 위해 최선을 다해 귀여움과 싸워왔던
내가(아니 왜 웃는 겁니까), 정신을 차려 보니 '유아' 카테고리에
자리를 잡고 있더라는 사실은 스스로 좀 놀랄 만한 일이었다.
하지만 처음 나를 매료시킨 이 세계의 그림책들은 전혀 귀엽지
않았다. 아이들과 나눌 수 있도록, 녹록지 않은 삶의 중요한
사실들을 쉽고 명확한 이미지와 단어로 바꿔서 이야기했을
뿐이다. 무엇보다, 매일매일 새로운 상황에 부딪히고 배우고
상처받고 회복하는 아이들은, 전혀 귀엽지 않았다.

『토끼들의 밤』 더미 북을 거절한 어느 미국 출판사가 동봉한
편지에는 이렇게 쓰여 있었다. "어린이 책에서 우리가 생각하는
토끼는 귀엽고 다정한 버니bunny인데 당신의 토끼는 우리
정서와 잘 맞지 않는 것 같습니다."

도대체 토끼의 어느 구석이 귀여운지 나는 영원히 알 수 없을 것 같다. 내 그림책 속 아이들은 시커멓고 큰 새를 만나도 울지 않으며, 스스로 늑대가 되어 용수철처럼 튀어 오르고 집채만 한 파도를 향해 혀를 내민다. 어찌 보면 이 아이들도 긍정성의 화신이라는 면에서 앞서 머리 큰 마스코트들과 비슷하다 할 수도 있겠다. 하지만 이 위협적인 세상으로부터 자기를 지키고, 그 순간에조차 생을 배우려 눈을 반짝이는 아이들의 용감한 모습은 언제나 나를 매료시킨다. 그리하여 꼭 그려 내고 싶게 만든다. 어린이 책에 대한 편견은 살아 있지 않고 정형화된 귀여운 이미지들에서 온다. 그 귀여운 것들은 아이를 귀엽게만 보고 싶은 어른들이 생산한 것이다. 수많은 어린이 책의 작가들은 꾸준히 이렇게 이야기 해 왔다. "너희들은 절대로 약하고 귀여운 것이 아니야. 어른들이 너희에게 주는 역할을 받아들이지 말기를 바란다. 너희는 삶으로 가득 찬 씩씩한 존재야!"

메리 올리버는 『긴 호흡』(민승남 옮김, 마음산책, 2019)에서 "숲속에는 귀여운 게 없다."라고 말했다. "'귀엽다', '매력적이다', '사랑스럽다', 같은 말들은 잘못됐다. 그런 식으로 지각되는 것들은 위엄과 권위를 잃게 되기 때문이다." 어린이라는 존재를 우리가 어떻게 바라보고 있는지 끊임없이 의식해야 한다. 그리고 그에 걸맞게 깍듯이 대해야 한다. 메리 올리버의 표현대로 자연 속에서 우리는 모두가 야성적이고, 용감하고, 경이롭다. 우리는 아무도 귀엽지 않다.

흰토끼와
바캉스

양평 군청에 가서 출판사 등록을 하고 왔다. 군청 주차 타워에 주차하는 시간이 출판사 등록하는 시간보다 더 걸렸다. 최초의 구상에서 '흰토끼프레스'가 등록되는 데는 거의 이십 년 세월이 걸렸는데.

영국의 북아트 과정에서 만난 선생과 작가들은 대부분 다 자기 이름을 건 프레스 press가 있었다. 모두 자기 출판사 인장을 책마다 찍어 놓았는데, 그게 그렇게 멋있어 보였다. '프레스'라는 단어를 들으면, 지그시 누르며 부드러운 종이를 파고드는 활판이 떠오른다. 내가 방문했던 북 아티스트들의 작업실에는 크고 작은 판화 프레스와 함께 '북 아티스트라면 이 정도는 있어 줘야…….' 하는 듯, 책의 모양을 잡아 눌러 두는 고풍스러운 북 프레스도 꼭 한 자리 차지하고 있었다. 예술가의 손길과 흔적이 느껴지는 아담하고 효율적인 공방의 느낌이 좋았다. 궁금해서 작가들에게 당신의 프레스는 출판사 등록이 되어 있냐고 물어보면 다들 웃으면서 고개를 저었다.

그랬다. 그냥 이름뿐이었다. 그곳에서 찍어 내는 책들은 한정판 소량 인쇄거나 세상에 하나뿐인 책이었다. 크게 돈을 벌 목적이나 방대하게 유통할 의도가 아닌 작업이고, 예술가의 정체성과 그만의 독특한 맥락을 만드는 용도로 프레스를 세운다. 그렇다면 나도 내 프레스를 하나 만들고 소량 출판을 시작해 볼까? 프레스 이름을 무어라 할까? 별로 고민할 것도 없었다. 당시 내가 영국에서 하던 작업은 어떤 식으로든지 『이상한 나라의 앨리스』와 관련되었으므로, 나를 책이라는 원더랜드로 이끌어 준 흰토끼를 떠올렸다. 그래도 '화이트 래빗'은 너무 흔하니, 한국어 단어를 발음 나는 대로 영문으로 써 볼까. '흰토끼프레스Hintoki Press'는 그렇게 시작되었다.

아무도 모르는 프레스이지만, 내가 스스로 나를 세상에
자리매김하는 묘한 성취감이 있었다. 책의 뒷면에 찍힌
'흰토끼프레스' 글자를 보며 혼자 흐뭇해했다. 하지만 혼자 하는
일이 그렇듯 흰토끼프레스의 출간 목록은 그리 길지 않았다.
초반에 학교에서 했던 책들, 몇 개의 작은 프로젝트 그리고 나름
꾸준히 만들고 있었던 「책장 넘기기 Turning the Pages」 시리즈
정도였다. '출판 목록의 길이가 중요한 게 아니야, 출판사 등록이
중요한 게 아니야, 그저 내가 북 아티스트라는 자각이 중요한
거야.'라고 생각하는 동안 세월이 훌쩍 갔다. 그리고 영국을
떠나 미국으로, 싱가포르로, 서울로…… 그리고 양평에 와서
살다가 결국 양평 군청에서 '흰토끼프레스' 등록증을 받아 들게
된 것이다. 이렇게 흰토끼프레스가 세상의 빛을 보게 된 것은
실은 '바캉스Vacances 프로젝트' 덕분이었다.

해외 도서전을 다녀 보면 매해, 익히 알려진 고전 민담들이
새로운 옷을 입거나 독특하게 재해석되어 출간되는 책을
만나게 된다. 민담, 설화, 신화는 이야기의 원형을 담고 있고,
대개 사건 중심의 흥미진진한 서사 진행과 권선징악의 단순한
구조 덕에 창작자가 가지고 놀기 좋은 재료가 되곤 한다. 좀더
적극적으로 우리 옛이야기를 가지고 놀고 싶다는 생각을
오래 품고 있었는데, 이건 나 혼자 하는 것보다 여럿의 힘으로
동시다발적으로 터지면 더 재밌어질 것 같았다.

이십 대에는 밖으로 쏘다녔고 삼십 대에는 내 것 하느라 바빴는데, 사십 대는 통역을 하는 나이라고 했던가, 어떤 외부의 에너지를 모으는 중간 지점이 될 수 있을 것 같았다. 자기 세계가 이미 있지만, 여전히 정의되지 않은 어떤 보글보글한 에너지를 품고 있는 이들이 함께 모이기만 해도 예상치 않은 폭죽이 터질 것 같았다. 그림책 하는 동료 작가들에 대한 나의 개인적인 팬심과 애정이 더해지면서 어떤 독립출판 공동체에 관한 꿈을 꾸게 되었다. 작가들은 독립된 섬이다. 각자의 섬이었다가 물이 빠지면 비로소 길로 연결되고, 그렇게 모여 잘 놀고 다시 물이 들어올 때쯤 미련 없이 돌아가는 유연한 모임을 상상했다.
그림책 작가들은 다양하다. 각자 그림책으로 오게 된 사연, 계통 없는 스타일에 그림책을 풀어 내는 방식도 천차만별, 게다가 한 가지 재주만 가진 그림책 작가는 없는 것 같다. 그림책이라는 장르에서 실험적이고 약간의 변칙을 꾀하는 모임이 필요하다는 생각이 들었다. 서로 다른 작업을 하는 이들을 모을 공통 분모가 필요했고, 그 시작은 마침 옛이야기가 맞춤일 것 같았다.

2017년 어느 여름날 아침, 갑자기 '지금 빨리 실행에 옮기지 않으면 영원히 미뤄지리라.' 싶어서 냅다 전화를 돌렸다. "그림책 작가들 모여서 뭐 재미있는 일 좀 해 봅시다. 옛이야기 관심 있어요?"

난데없이 전화했는데 또 그걸 다들 받아 주시어, 나 포함 아홉 명의 작가가 서울 종로구 서촌의 참여연대 건물 카페 통인에서 모였다. 어색한 첫 만남의 자리에서 입을 뗐다.

"유럽에선 매해 새로운 해석과 각양각색의 『빨간 모자』가 나오더군요. 우리도 못지 않은 소스가 있죠. 누가누가 우리 옛이야기를 더 잘 그리나 말고, 누가누가 이 원천을 더 멀리 보내나 한번 해 볼까요? 기존 출판 시장에 담기 어려웠던 B컷 책을 만들어 볼까요? 아니, 그냥 평소에 뭐든 하고 싶었던 것을 옛이야기 핑계 삼아 여기서 같이 해 보는 것, 어때요?"

그렇게 시작되었다.

시작은 되었는데, 나의 개인 일정으로 외국에서 체류하게 되는 바람에 잠시 시간이 떴다가, 2018년 연말에 다시 모였다. 다들 각자 바빠서 이 작업이 뒤로 밀리게 되기 쉬울 테니, 6월의 서울 국제 도서전에 부스를 내는 걸로 마감 날짜를 삼아 보자는 난데없는 제안을 던졌는데 또 뜬금없이 모두 동의했다. 그 이후 바캉스의 모든 결정과 작업 방식은 '난데없는 뜬금포 선 마감 후 작업 속전속결 일사천리'가 되고 있다.

우리 모임의 이름을 짓기로 했는데, 대체로 놀멍쉬멍 작업하자는 표현의 이름들이 많이 나왔고 결국 '바캉스'가 되었다. 재밌자고 시작했지만, 분명히 고된 일이 될 것으로 예상했다. 본업 마감에 쫓기면서, 또 바캉스 마감에도 쫓기게 될 것이다. 전혀 휴가 같지는 않겠으나 그래도 기분만은 휴가처럼 좋을 거다. 그렇게 서울 국제 도서전에 참가하기로 했고, 아무래도 내가 사업자 등록증을 가진 편이 각종 잡다한 절차의 신청과 진행에 편리할 것 같아 급히 도모하게 된 것이다. 이것은 다만 하나의 몸짓에 지나지 않았지만, 바캉스가 나의 이름을 불러 주었을 때, 나는 흰토끼 사장이 되었다. 그때부터 진짜로 재미있는 일들이 시작되었다.

비록 잠깐 정신이 들면 사표를 수도 없이 던지지만 자발적 총무, 자발적 십장, 자발적 물류센터장 등이 생겨났고, 안 그래도 다양한 인간들에 더 신기한 인간들이 추가되며 인원도 늘고, 주먹구구 말도 안 되는 방식으로 굴러가는 중이다. 바캉스의 한 작가가 "뛰고 싶었는데, 마침 탕! 소리가 들려왔다."고 말해주었다. 다들 원하는 것은 다르겠지만, 나는 이 산만한 공동체가 작가로 사는 허무맹랑한 삶의 작은 에너지가 되기를 바란다. 그때만 할 수 있는 작업을 순발력 있게 뽑아내고, 고되더라도 그 재미가 다시 동력으로 되돌아가기를 바라는 것이다. 책값에 각자 책임은 져야 하지만, 완성도를 다투는 것은 관심사가 아니다. 옛이야기의 명랑함과 재미있는 일을 할 때만 나오는 에너지가 서로를 전염시키고, 우리 일을 흥미롭게 바라보는 독자들에게까지 가닿기를 기대한다. 기적적으로 공통의 주파수 영역대가 유지되는 동안만 이 모임은 의미가 있을 거다. 여기서 돈 벌 생각 하는 사람은 없고(되지도 않겠지만), 아직은 기본 병맛을 유지하고 있어 당분간 우리는 즐거울 예정이다. 매해 새로운 프로젝트 때마다 쉽지는 않지만 (아직까지는) 싸우지 않고 잘 노는 작가들, 캐릭터가 하나도 겹치지 않는 기이한 이 동료들을 근거리에서 지켜볼 수 있어서 (믿기지 않겠지만) 내게 바캉스는 진짜 바캉스가 되어 버렸다.

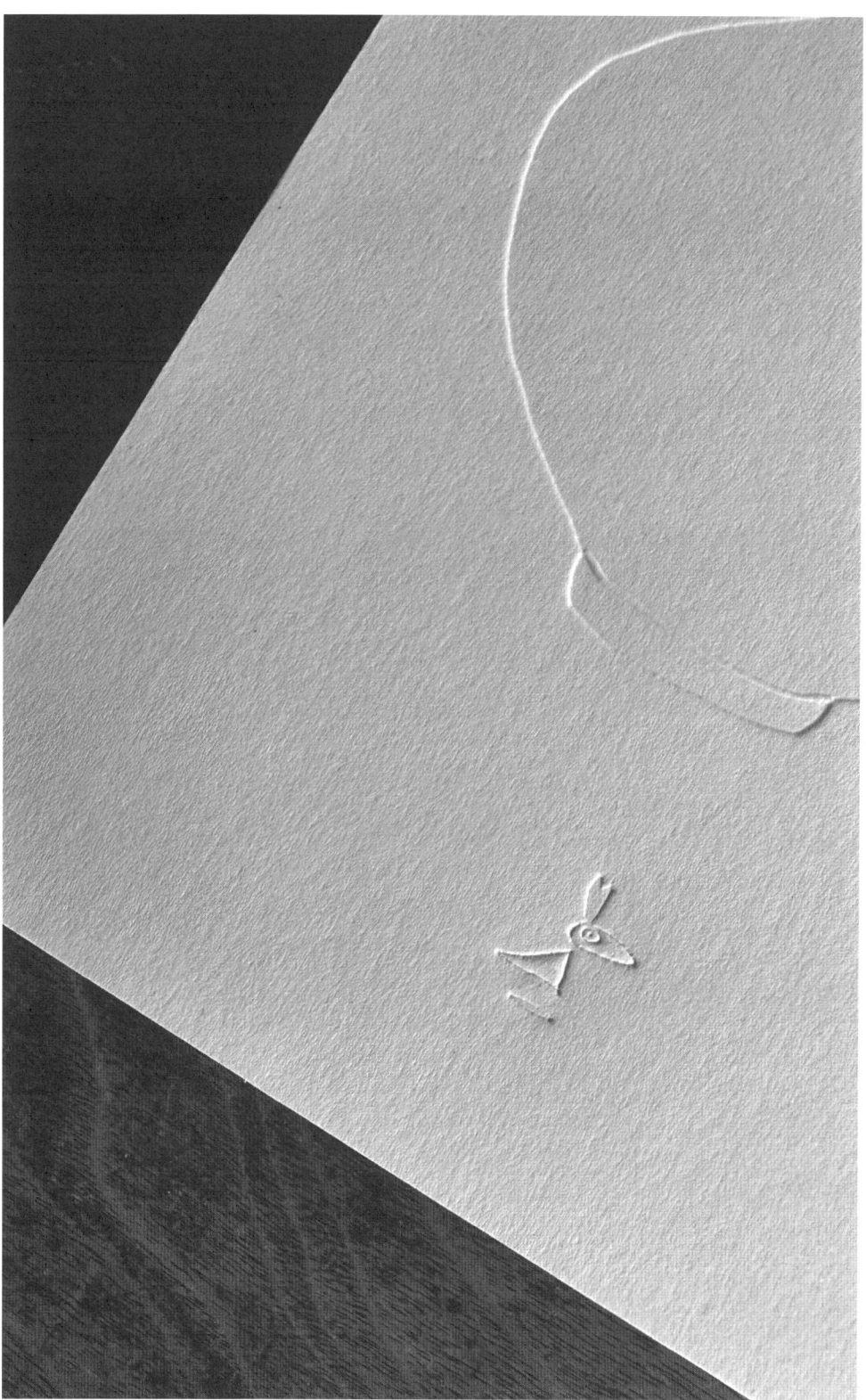

스위스 아미 나이프

책 표지 디자이너 피터 멘델선드는 원래 음악가였다가 후에 디자이너가 되었다. 새로운 분야로 옮긴 사람들은 자신을 아웃사이더라고 의식하므로, 오히려 자기 일에 비교적 가볍게 접근하는 경향이 있다. 어려운 문제에 봉착해도 원래 자신이 몸담았던 분야와 비교할 수 있으므로 색다른 관점으로 돌파하거나, 오래도록 한 분야에 있는 사람들은 가질 수 없는 통찰력을 보여 주기도 한다.

그의 책 『커버』(박찬원 옮김, 아트북스, 2015)에서 그는 자신이 해 왔던 일들보다 어떤 경우든 '디자인은 쉽다.'라고 말한다. 게다가 그가 업으로 삼게 된 책의 표지 디자인은 사소하며 필수적인 것도 아니라면서, 그 생각 자체가 스스로 일종의 주문처럼 작용한다고 말한다. 디자인의 단순성을 믿음으로써 그는 스스로 불필요하게 복잡하지 않은 디자인 작업을 유지할 수 있다는 것이다. '디자인'이란 단어를 '그림책'으로 대치해서 읽어 본다. 그림책은 사소하며 필수적인 것도 아니다. 내 또래는 그림책을 보고 자란 세대가 아니지만 그렇다고 대단히 크게 부족한 어른으로 자란 것 같지는 않다. 그림책이 세상을 구하지는 않을 거다. 내 책은 주류가 아니다. 나 또한 그림책의 단순성을 믿음으로써 불필요하게 복잡하지 않은 그림책 작업을 유지하고 싶다.

아웃사이더. 어쩌면 나도 그렇게 생각했는지 모른다. 고작 학부 몇 년이었을 뿐이지만 그 효과는 커서 미술대학을 졸업할 무렵 나는 회화를 하는 사람이라는 정체성이 형성되었고, 그 정체성의 무리에서 일러스트레이션 일을 해 보려 한다고 말하자 무슨 변절자 비슷한 취급을 받았다. 과 선배 중에 실질적 조언을 얻을 만한 사람은 드물었다. 그래봤자 오십보백보일지라도 나름대로 경계를 건너간다는 생각이 들었다. 잘 모르는 세계에 대해 동경과 두려움이 공존했고, 동시에 나는 그 새로운 세계에서 아무것도 아니라는 사실이 주는 이상한 편안함이 있었다. (사실 이전 세계에서도 나는 아무것도 아니었으나, 그건 별로 크게 생각하지 않았던 것 같다.)

그러므로, 그림책이나 일러스트레이션에 대해 나도 어떤 정신적, 감정적 짐도 짊어지고 있지 않았다. 나는 디자인과 출신도, 일러스트레이션 전공도 아니고, 그림책 학교를 다닌 것도 아니었다. 이 세계에 오로지 멋진 작가들만이 있을 뿐 직속 선배도, 후배도 없는 건 근사한 일이었다. 북아트도 마찬가지였다. 영국의 북아트 과정에서 만난 동기들과 선생들은 모두 이 장르를 물렁물렁하고 실체 없는 슬라임-액체 괴물 대하듯 하였다. "네가 그렇게 정의한다면 그게 맞아." 식의 설렁설렁한 태도는 어떤 학생들에게는 학비가 아깝다고 불평하게 했으나, 나는 오히려 그 산만하고 자유로운 태도를 좋아했던 것 같다.

무언가를 배워서 그것 하나밖에 못 하면 좀 슬프지 않나. 물론 모두가 스위스 아미 나이프여야 한다는 것은 아니지만, 적어도 내 쓸모와 내 가능성이 분명히 하나는 아닐 것이고, 그건 이것저것 시도해 봐야 비로소 알 수 있는 것이다. 애니메이션 「쿵푸 팬더」에서 시푸 사부가 포에게 의미심장한 대사로 전해 주지 않았던가.
"네가 오직 할 수 있는 일만 한다면, 너는 지금의 너 이상이 될 수 없단다. If you only do what you can do, you'll never be more than you are now."

브루노 무나리를 그림책으로 배웠던 나는, 그의 일생을 담은 두꺼운 전기 중 단 몇 장만이 그의 책 작업에 할애되어 있다는 사실에 깜짝 놀랐었다. 이 사람은 회화, 조각, 그래픽 디자인, 가구 디자인, 영화, 건축, 그림책, 교육 등 장르를 초월한 모든 것을 했고, 책 작업은 그중 빙산의 일각이었을 뿐이다. M.C. 에서의 화집 맨 첫 소개 글을 인상적으로 기억한다. "그는 분류되기 어려운 not pigeonholed 종류의 예술가였다." 칸칸이 나뉜 비둘기 집에 분류되지 않는 예술가, 세상이 정의 내리기 어려운 멀티 플레이어이자 독자적인 존재. 세상을 구분하는 공고한 시스템에 메롱을 날리는 예술가란 무릇 그래야 한다고 생각했다.

『이상한 나라의 앨리스』 책이 출간되고 나서 이탈리아 출판사 대표가 이 책이 메라노 도서관의 아티스트북 컬렉션에 들어갔다면서 카탈로그를 전해 주었다. 컬렉션 설명 글을 읽어 내려가다가 한 줄의 글에서 시선이 멈췄다.

"어린이를 위해 예술가들이 만든 책
Books by Artists for Children."

놀라운 표현이었다. 그 순간 독자로서 내가 그림책의 어떤 것에 이토록 끌렸던 것인지, 창작자로서 내가 왜 이토록 이 일을 하고 싶었는지를 문득 깨닫게 된 것 같았다. 메라노의 컬렉션에 포함된 저자들은 온갖 종류의 예술가였고 글을 쓰기도, 그림을 그리기도, 음악을 만들기도, 책상을 디자인하기도, 장난감을 만들기도, 춤을 추기도, 4분 33초 동안 침묵을 연주하기도 했다. 이 다양한 사람들이 '어린이를 위한 책'을 자신의 예술 방식대로 만들어 낸 것이었다. 컬렉션의 작업은 신선하고, 지적이고 아름다웠으며 무엇보다 어린이 특유의 낙관으로 가득 차 있었다. 어린이 책이라는 이상이 먼저 있고, 그에 맞춰 작업하는 것이 아니라, 이미 자기 세계를 구축한 예술가가 자유롭게 각자의 방식으로 어린이들과 나누고 싶은 것을 만드는 것이다. 이런 일은 어린이 독자에 대한 가능성과 믿음을 바탕으로 가능한 것이다.

여러 책들 중 내가 좋아하는 책은 전위예술가 존 케이지와 섬유 디자이너 루이스 롱의 『진흙 책: 파이와 케이크를 만드는 법 Mud Book: How to Make Pies and Cakes』이다. 이 책에는 진흙 파이는 만들고 바라보기 위한 것이고 먹는 것은 아니라는 재치있는 경고문이 실려 있는데, 볼 때마다 작은 웃음이 새어 나온다.

나는 이 책에 '어린이'가 포함되는 것이 중요한 한 수라고
생각했다. 개념 미술에 근간을 두고 있는 영국의 북아트
과정에서 지켜본 아티스트 북은 나에게는 대부분 지루하며,
의미를 위한 의미로 가득해 보였다. 그나마 내게 흥미롭게
여겨지는 구석이 있거나 눈길을 끄는 것은 대부분 어떤 놀이적
상상, 어린이적인 요소가 있을 때였다. 즐거움에서 오는 가장
본질적이고 단순한 메시지 말이다. 그럴 바에야 아예 어린이
책을 만드는 게 낫겠다는 생각으로 발전되었고, 비로소
'어린이를 위해 예술가들이 만든 책'이 내 시야에 들어오기
시작한 것이다.

세상이 나눈 분류법으로 따로 관리되는 '어린이'가 아니다.
어린이를 예술에서 동떨어진 다른 무리로 보느냐, 예술에 이미
포함된 독자로 보느냐, 혹은 어린이를 가르칠 대상으로 보느냐,
아니면 함께 즐길 대상으로 보느냐에 대한 작가의 자세는
그림책에 확연히 드러난다. 사회가 어린이를 어떻게 대하는지를
보면 그 사회의 문화적 깊이와 역량을 알 수 있다. 다양한
시도와 다양한 장르가 흘러가고 만나고 주고받는 풍요로운
예술 환경에서 어린이가 쑥쑥 자랄 것이다. 그리고 그게 즐거운
예술가들이 어린이 책을 즐겁게 만들면 좋겠다. 그림책이라는
분야는 아웃사이더들이 많으면 많을수록 좋겠다. 진흙 파이
책을 보다가 존 케이지와 함께 공동작가로 이름을 올린 로이스
롱·Lois Long이 궁금해 찾아보니, 그녀는 균류(菌類)학자로
알려져 있었다. 그녀는 열정적인 연구자였으며, 버섯에서
영감을 받은 섬유 디자인을 하고 그 주제로 전시도 여러 번
했다. 전위 음악가이자 또 하나의 멀티 예술가인 존 케이지
또한 아마추어로서 균류에 관심이 많아 나중에 함께 '뉴욕
균 학회'도 설립했다. 두 멀티 플레이어는 그렇게 만나 '버섯
책'과 '진흙 책'을 만들었다. 보라, 그림책을 만드는 일은 쉽다.
그림책은 사소한 데서 시작되며, 그래서 엉뚱하고, 아름다울 수
있는 것이다.

한스 크리스티안 안데르센상
수락 연설문

안녕하세요 여러분, 2022년 한스 크리스티안 안데르센상의 수상자가 된 것을 진심으로 영광으로 생각하며 여러분께 감사의 마음을 표현하고 싶습니다. 후원자 덴마크 여왕님과 국제 아동청소년도서협의회IBBY, 심사위원장님, 여러 나라의 심사위원님들, 후원사 그리고 IBBY의 한국 지부인 KBBY 회장님과 위원회에 진심으로 감사드립니다. 전폭적인 지지와 열정의 KBBY가 없었다면 오늘 이 상은 없었을 것입니다. 또한 첫발을 디딘 순간부터 즐겁게 계속할 수 있게 해 주신 여러 출판사 대표님과 편집자님께 고마운 마음을 전합니다. 그리고 마음속 가장 따뜻한 둥지, 우리 가족에게 사랑을 보내며 제 곁의 소중한 동료 그림책 작가들과 독자들에게 이 영광을 돌리겠습니다.

"궁금해, 점점 더 궁금해! Curioser and curioser!"

이 말을 들으면 언제나 웃음이 납니다. 앨리스는 자기가 하는 말이 문법적으로 맞든 틀리든 개의치 않고, 이상한 나라에서 맞닥뜨리는 온갖 부조리한 상황에도 당황하는 법이 없습니다. 이 대책 없는 호기심은 우리를 늘 새로운 곳으로 데려가고, 예술가로서 저는 이 당돌한 태도에서 많이 배웁니다. 그저 우리에게 필요한 것은 바로 이 주문, "궁금해, 점점 더 궁금해!"인 것이지요.

『이상한 나라의 앨리스』는 영국 런던에서 북아트를 공부하면서 만든 졸업 작품이었고, 이 책은 제가 처음부터 끝까지 스스로 만든 첫 번째 책이 되었습니다. 저의 지도 교수는 저에게 왜 이토록 '영국적인 텍스트'를 저의 주제로 삼았냐고 물었습니다. 글쎄요, 실은 앨리스가 '영국적인지 아닌지'가 관심사는 아니었고, 저는 그저 당시의 제가 앨리스와 같은 처지라고 느꼈던 것 같습니다. 저는 괴상한 언어(그것은 바로 영어)를 사용하는 낯선 종들에 둘러싸여 있었고, 검은 머리의 한국인 앨리스는 원더랜드를 이리저리 콕콕 찔러 보며 돌아다니던 중이었지요.

앨리스와 저를 동일시하면서 동시에 저는 그때 가졌던 많은 질문을 한꺼번에 이 책에 담았던 것 같습니다. 궁금해, 점점 더 궁금해! 이미지는 환영일까? 무대는 현실과 환상의 경계일까? 책은 그저 글을 담는 그릇일까? 그림책은 '그림 + 책'일까? 책은 꼭 사각형이어야 할까? 왜 독자들은 책을 읽을 때 책의 한가운데 제본선을 신경 쓰지 않는 걸까? 책이라는 형식이 내용의 일부가 될 수 있을까? 글 없이 그림만으로도 이야기를 할 수 있을까? 그림책의 독자는 누구인가? 이런 이상한 책을 만들면서, 나는 그림책 작가로 살아남을 수 있을까? 첫 번째 책은 이런 질문들로 터져 나갈 듯합니다.

『이상한 나라의 앨리스』를 열면, 앨리스와 흰토끼가 여러 겹의
상상의 세계를 누비며 만드는 공연이 시작됩니다. '저 위의
모든 것은 그저 환상'이라는 것을 보여 주기 위해 저는 종종
'무대'라는 개념을 사용하곤 했습니다. 멍석 하나 깔면 그곳은
무대가 되어 버립니다. 선 하나 긋는다면 선 저편은 무대가
되지요. 심지어 보이지 않는 선일지라도, 그 선을 기준으로
환상과 현실이 나누어집니다. 실은 이것은 어린이들이 늘
하는 일입니다. 어린이들은 환상과 현실의 경계 위에 서서 두
영역을 아주 쉽게 들고 나곤 하지요. '무대'는 이런 이야기를
하기에 좋은 시작점으로 보였습니다. 『이상한 나라의 앨리스』가
출간된 지 올해로 이십 년이 되었고, 저는 이 책에서 떠올린
질문들을 그간 책 작업을 통해 하나하나 풀어 보려 애써 왔던
것 같습니다.

『거울속으로』에서 펼친 책의 한가운데 제본선이 있는 접지 부분은, 현실 세계와 반사된 환영의 세계의 경계가 됩니다. 그러다가 아이와 거울상은 이 가운데로 슬며시 사라져 버리고, 다음 페이지는 하얗게 비어 있습니다. 『파도야 놀자』에서 아이는 파도의 세계로 진입하기 위해 이 경계를 넘습니다. 저는 이 아이가 완전히 다른 두 세계를 지나가고 있다는 의미를 강조하기 위해 아이의 몸을 반쪽만 그려 놓았지요. 방금 언급한 이 두 장면 때문에 많은 이메일을 받았습니다. 이거 혹시 인쇄 사고 아니냐고 말이지요. 그림책은 가장 보수적이면서 가장 혁신적인 매체입니다. 무수히 많은 흥미로운 실험이 그림책에서 시도되었지요. 그런 다양한 시도가 어떻게 가능했을까요?

그것은 그림책의 독자가 그 누구보다도 창조적이고, 놀이에
진심이며, 가장 열려 있는 존재이기 때문입니다.
바로 어린이지요.

어린이는 그 어떤 도전도 받아들인답니다. 이 독자들은
반쪽이 사라진 『파도야 놀자』의 아이 모습도 개의치 않습니다.
아이들은 깔깔거리면서 그 책의 가운데 접지를 한껏 펴서
그 사이에 나머지 반쪽이 보이는지 들여다보지요. 아이들은
스스로 질문하고 스스로 대답합니다.

한 아이가 물었습니다. 『거울속으로』의 마지막에 왜 거울 속
아이가 진짜 아이의 몸짓을 더 흉내 내지 않고 제 마음대로
움직이느냐고요. 그랬더니, 다른 아이가 저 대신 대답해
주었습니다. "내가 이야기해 줄게. 아이가 다르게 움직이는
이유는 우리는 매일매일 다르고 싶은 어린이이기 때문이지!"

그리고 또 다른 눈썰미 좋은 친구 하나가 『그림자놀이』를 보며
이런 이야기를 했습니다. "이것 보세요. 그림자 아이가 사과를
집어 가려 해요!" 이 친구가 페이지를 넘길 때 빛이 책장의
뒤에 있었던 터라, 뒤 페이지에 인쇄된 그림자 그림이 앞쪽에
비쳐 겹치면서 그림자의 손이 앞 페이지의 사과에 닿는 우연한
장면이 연출되었던 거죠. 책장을 넘기는 그 짧은 순간에 이
장면을 볼 수 있다니, 놀랍지 않나요?

아이들의 놀이 정신은 그림책의 모든 가능성을 확장해 왔습니다. 많은 그림책 작가들이 자기 어깨 위에 보이지 않는 아이를 앉혀 놓고 책과 함께 놀곤 했지요. 저도 책과 노는 것이 좋습니다. 옆으로 열리는 책, 아래에서 위로 열리는 책, 수없이 많은 작은 책들이 들어 있는 책, 혹은 반대로 끝없이 하나의 페이지로 이어지는 기다란 책도 만들었습니다. 종이를 접어 굽이굽이 펼쳐지는 고개 책도 만들었고, 종이에 구멍을 뚫어 아이들과 함께 책의 페이지에 난 창으로 세상을 내다보는 책도 만들었지요.

독자의 곁에 오랜 시간 함께해 온 그림책들은 어떤 형태로든지 아이들의 모습을 담고 있습니다. 그림책에는 실재하는 어린이가 담겨 있을 뿐 아니라, 그림책 속의 모든 색과 선과 심지어 그림책이 머금고 있는 어떤 공기에도 어린이가 스며들어 있습니다. '어린이성'이라고 부를 가장 단순하고 아름다운 세상의 정수가 그림책에 담겨 있지요.

저의 최근작 『여름이 온다』는 바로 이에 관한 것입니다. 보통 저는 이 책을 안토니오 비발디의 협주곡 「사계」 중 '여름' 편에서 영감을 받았다고 설명하긴 하지만, 실은 핑계에 불과하지요. 저는 그저 아이들의 에너지, 아이들의 감탄, 그리고 세상의 모든 것에 대해 아이들이 느끼는 어떤 즐거운 흥분 따위를 그리고 싶었을 따름입니다. 또한, 여름의 기운, 이글이글 불타오르는 태양과 윙윙거리는 파리 떼, 예측 불가한 날씨와 천둥·번개 그리고 마침내 폭풍. 마치 아이들과 같은 이 모든 것을 표현하고 싶었지요.

『여름이 온다』는 『이상한 나라의 앨리스』에서처럼 무대에서 시작해서 무대에서 끝납니다. 연주자들이 무대로 들어오고, 막이 오르고, 이야기가 시작됩니다. 아이들은 배우이면서 동시에 관객입니다. 한 권의 그림책은 하나의 무대입니다. 책을 열면 상상의 세계가 움직이기 시작합니다. 책을 닫으면 막도 닫히지요. 우리는 그 세계를 책장에 꽂아 둡니다. 하지만 언제든지 원할 때, 우리는 다시 이 무대를 살아나게 할 수 있습니다. 얼마나 멋진 일인지요.

어린이들은 씩씩합니다. 생의 초반, 온몸으로 부딪히며 세상과 만나는 이 반짝이는 아이들에게 존경의 마음을 보냅니다. 어린이에게 그다지 다정하지 않은 이 현실에서, 그래도 그들에게 다가서서 말을 건넬 수 있는 그림책이 있다는 사실은 소중합니다. 저는 아주 진지한 태도로, 온 마음을 다해, 가장 즐겁게 놀이하는 마음으로, 넘치는 생의 기쁨을 그려 내고 싶습니다. 이것이 이 아름다운 독자들에 대한 저의 감탄의 마음을 표현하는 최고의 방법이라 믿습니다.

오늘 이 축하의 자리에 음악이 있으면 좋겠다는 생각이 들었습니다. 그래서 이야기를 끝내면서 『여름이 온다』의 폭풍 같은 3악장을 함께 듣고 보려고 합니다. 여러분과 함께 생의 기쁨과 격정적인 여름, 그리고 무엇보다 이보다 더 멋질 수 없는 생생한 어린이들을 함께 느꼈으면 합니다. 이 멋진 상을 주신 것에 다시 한번 감사드리며, 여름 3악장을 특별히 함께 수상한 마리 오드 뮈라이 작가님과, 오늘 밤을 축하해 주시는 이곳에 계신 모든 관객 여러분께 드립니다. 고맙습니다.

나가는
글

독립된 작업실을 가지게 된 지 얼마 되지 않았다. 그전에는 집에서 방 하나에 온갖 것을 들여놓고 일했다. 달랑 책상 하나는 작업대도 되고, 기저귀 대도 되고, 아이들과 그림을 그리는 책상도 되었다. 늘 잡동사니가 켜켜이 쌓여 있어, 작업 한번 시작하려면 테트리스 게임을 한판 해야 했다. 이것을 치워야 저것을, 저것을 치워야 이것을 할 수 있는 공간이 겨우 났다.

지금 나의 작업실에는 책상이 네 개 있다. 작업실에 들어올 때마다 책상을 바라본다. 네 개의 책상은 내 마음 같다. 네 개의 서로 다른 프로젝트가 각기 자기의 리듬을 가지고 굴러간다. 살아가는 일이 그렇겠지만, 그 네 개가 무엇이 되었든 높이 던져 올려 매일 저글링 하는 기분이다. 가끔은 위태하게 던져져 허공을 가르던 무엇이 땅에 떨어져, 퍽석 깨지거나 굴러가 시야에서 사라지기도 한다. 하나가 삐끗하면 다음 것도 영향을 받긴 하지만, 떨어지는 그다음 공을 받느라 바빠, 다행인지 불행인지, 잊어버린다.

모든 것을 동등하게 잘 해낼 리는 없다. 대개 하나의 프로젝트에 집중해도 시간과 에너지가 부족하므로, 나의 몸은 그 특정 책상에 기울어져 있다. 하지만 동시에 '나에게는 또 다른 프로젝트가 있어.'라고 생각하며 위로받는 나를 발견하곤 한다. 꼭 이것이 아니더라도 나는 괜찮다는, 이상한 종류의 위로다.

책상 위의 프로젝트는 일이기도, 삶이기도 하다. 구체적인 작업이기도, 구체적인 사람이기도, 그저 마음의 동력이자 꿈이기도 하다. 그림책은 핑계고, 나는 굴러간다. 모두 다 내가 올려놓은 것이지만, 내가 책상 위에 뭘 올려놓았는지 짐짓 궁금해하며 작업실에 가는 길이 즐겁다면, 뭐, 이번 생은 이런 식으로 살아 보는 것으로.

부록

이수지의 책들
-국내 출간 연도 기준, 괄호 안은 원저작 출판사를 표기했습니다.

2023

『반대말 백자』 흰토끼프레스(바캉스)

2022

『우리 다시 언젠가 꼭』 팻 지틀로 밀러 글 · 이수지 그림, 비룡소(『See You Someday Soon』, Roaring Brook Press, U.S.A. 2022)

『어찌 칭찬하지 않으리』 흰토끼프레스(바캉스)

2021

『여름이 온다』 비룡소

『그늘을 산 총각』 비룡소

『전래카드; 끝없는 이야기』 흰토끼프레스(바캉스)

2020

『방귀 시합』 흰토끼프레스(바캉스)

『고개 넘어 고개』 흰토끼프레스(바캉스)

『우로마』 차오원쉬엔 글 · 이수지 그림, 책 읽는 곰

『물이 되는 꿈』 루시드폴 노래 · 이수지 그림, 청어람아이

2019

『요술 항아리』 흰토끼프레스(바캉스)

『그늘을 산 총각』 흰토끼프레스(바캉스/ 비룡소에서 2021 재출간)

『심청』 흰토끼프레스(바캉스)

2018

『강이』 비룡소

2017

『선』 비룡소(『Lines』, Chronicle Books, U.S.A. 2017)

『이렇게 멋진 날』 리처드 잭슨 글 · 이수지 그림, 비룡소(『This Beautiful Day』, Simon & Schuster, U.S.A. 2017)

2015

『아빠, 나한테 물어봐』 버나드 와버 글 · 이수지 그림, 비룡소(『Ask Me』, Clarion Books, U.S.A. 2015)

『이상한 나라의 앨리스』 비룡소(『Alice in Wonderland』, Edizioni Corraini, Italy. 2002)

2013

『토끼들의 밤』 책 읽는 곰(『La revanche des lapins』, La joie de lire, Switzerland. 2003)

『이 작은 책을 펼쳐봐』 제스 클라우스마이어 글 · 이수지 그림, 비룡소(『Open This Little Book』, Chronicle Books, U.S.A. 2013)

『사랑해 사랑해 우리 아가』 문혜진 글 · 이수지 그림, 비룡소

2011

『이수지의 그림책』 비룡소

2010

『그림자 놀이』 비룡소(『Shadow』, Chronicle Books, U.S.A. 2010)

2009

『거울속으로』 비룡소(『Mirror』, Edizioni Corraini, Italy. 2003)

『파도야 놀자』 비룡소(『Wave』, Chronicle Books, U.S.A. 2008)

2008

『그림자는 내 친구』 박정선 글 · 이수지 그림, 길벗어린이

『열려라 문!』 박정선 글 · 이수지 그림, 비룡소

『나의 명원 화실』 비룡소

2007

『검은 새』 길벗어린이

2006

『움직이는 ㄱㄴㄷ』 길벗어린이

2005

『우리는 벌거숭이 화가』 문승연 글 · 이수지 그림, 길벗어린이

2004

『동물원』 비룡소

본문에 나오는 책

『거리에 핀 꽃』 존아노 로슨 기획 · 시드니 스미스 그림, 국민서관, 2015
『검정과 하양 Black & White』 타나 호번 지음, 그린윌로우북스, 1993
『그다음에 무슨 일이 있었을까요? 무민, 밈블 그리고 미이에 관한 이야기』
　　토베 얀손 지음, 이유진 옮김, 어린이작가정신, 2014
『그림으로 글쓰기』 유리 슐레비츠 지음, 김난령 옮김, 다산기획, 2017
『그림책의 힘』 가와이 하야오, 야나기다 구니오, 마쓰이 다다시 글, 햇살과나무꾼
　　옮김, 마고북스 2003
『긴 호흡 - 시를 사랑하고 시를 짓기 위하여』 메리 올리버 시, 민승남 옮김,
　　마음산책, 2019
『내가 함께 있을게』 볼프 에를브루흐 글 · 그림, 김경연 옮김, 웅진주니어, 2007
『눈 오는 날의 생일』 이와사키 치히로 글 · 그림, 다케이치 야소오 기획,
　　엄혜숙 옮김, 미디어창비, 2018
『동물원』 앤서니 브라운 글 · 그림, 장미란 옮김, 논장, 2019
『사랑 Love』 로웰 시프 글 · 지안 베르토 바니 그림, 캐논게이트북스, 1998
『상상 이상』 이슈트반 반녀이 지음, 내인생의책, 2006
『소설처럼』 다니엘 페나크 글, 이정임 옮김, 문학과지성사, 2018
『아기 돼지 세 마리』 데이비드 위즈너 글 · 그림, 이옥용 옮김, 마루벌, 2008
『안개 속의 서커스』 브루노 무나리 글 · 그림, 이상희 옮김, 비룡소, 2013
『영화를 찍으며 생각한 것』 고레에다 히로카즈 지음, 이지수 옮김,
　　바다출판사, 2003
『예술로서의 디자인』 브루노 무나리 지음, 김윤수 옮김, 두성북스, 2012
『용기 Courage』 버나드 와버 글 · 그림, 클라리온북스, 2002
『은반 위의 요정』 차성진 지음, 소년소녀, 1980
『이 색 다 바나나』 제이슨 풀포드 글 · 타마라 숍신 그림, 신혜은 옮김, 봄볕, 2022
『읽을 수 없는 책 Libro illeggibile MN 1』 부르노 무나리 글 · 그림, 꼬라이니, 1984
『잘 가, 안녕』 김동수 글 · 그림, 보림, 2016
『정확히 반대 Exactly the Opposite』 타나 호번 지음, 그린윌로우북스, 1990
『진흙 책: 파이와 케이크를 만드는 법 Mud Book: How to Make Pies and Cakes』
　　존 케이지 글 · 루이스 롱 그림, 프린스턴 아키텍처럴 프레스, 2017

『창가의 토토』구로야나기 테츠코 글·이와사키 치히로 그림, 권남희 옮김, 김영사, 2019

『커버』피터 멘델선드 지음, 박찬원 옮김, 아트북스, 2015

『프레드릭』레오 리오니 글·그림, 최순희 옮김, 시공주니어, 1999

『피터와 늑대』로리오트 글, 요르크 뮐러 그림, 박민수 옮김, 비룡소, 2007

『헤럴드와 보라색 크레용』크로켓 존슨 글·그림, 홍연미 옮김, 시공주니어, 2021

이수지　　　그림책 작가

한국과 영국에서 회화와 북아트를 공부하고 세계 여러 나라에서 그림책을 펴냈다. 책의 물성을 이용한 작업과 글 없는 그림책의 형식으로 아이들의 놀이와 에너지를 책에 담는다. '흰토끼프레스'를 운영하고 있다. 2022년 '한스 크리스티안 안데르센상' 일러스트레이터 부문 수상, 그 외 '볼로냐 라가치상 픽션 부문 스페셜 멘션', '뉴욕타임스 그림책상', '보스턴 글로브 혼 북 명예상', '한국출판문화상', '인촌상' 등을 수상했다. 대표작으로『여름이 온다』,『강이』,『선』,『파도야 놀자』,『그림자놀이』,『거울속으로』등이 있다.

www.suzyleebooks.com

만질 수 있는
생각

| | | |
|---|---|---|
| 1판 1쇄 펴냄 | | 2024년 4월 8일 |
| 1판 3쇄 펴냄 | | 2025년 7월 8일 |

지은이　　　이수지
펴낸이　　　박상희
편집주간　　박지은
편집　　　　정은정
디자인　　　황일선
펴낸곳　　　(주)비룡소
출판등록　　1994. 3. 17. (제16-849호)
주소　　　　06027 서울시 강남구 도산대로1길 62
　　　　　　강남출판문화센터 4층
전화　　　　02)515-2000
팩스　　　　02)515-2007
홈페이지　　www.bir.co.kr

ⓒ이수지, 2024. Printed in Seoul, Korea.
ISBN 978-89-419-0112-5 03800
KOMCA 승인 필
소프트커버 보급판